외모 자존감 수업

외모 자존감 수업

부운주 지음

외모에 예민한
당신을 위한
심리 기술과 실천법

그래
도봄

Prologue

《외모 자존감 수업》은 외모 자존감이 낮은 사람들을 위한 심리서이다. 적확히 말하자면 외모 심리학을 기반으로 한 자존감 회복 안내서이다.

고교 시절, 탈모증으로 외모 자존감이 수직으로 떨어지는 경험을 했다. 돌이켜보면 10대 후반에서 20대 중반은 무너진 외모 자존감을 쌓아올리는 투쟁의 시간이 아니었나 싶다. 결과적으로 외모 자존감은 회복되었다. 탈모증은 치료되지 못했지만 시간이 흐르면서 거울 속의 나를 수용해낼 수 있었다. 그러나 아직 충족되지 못한 무엇인가가 남아 있다는 느낌을 지울 수 없었다. 굳이 읽을 필요가 없는 값비싼 원서를 구해 퇴근 후 정독한 것은 그 느낌 때문이었다.

의도치 않게 시작된 외모 심리학 공부를 통해 나는 다시 한번 과거를 곱씹어보게 되었다. 과거의 내가 느꼈던 감정과 심리적 어려움을 떠올리는 걸 넘어 외모 자존감이 회복될 수 있었던 원인과 과정을 분석하기 시작했다. 분석 과정에서 생각하고 느낀 점들을 글로 정리하게 되었고, 외모 심리학에서 시작된 작업은 가지를 뻗어 신체 이미지, 신경미학, 심리피부학으로 확장되었다.

외모 불만족감은 과거 내가 겪었던 어려움이지만 나만의 문제는 아닐 것이다. 다이어트, 헬스, 성형 열풍에서 알 수 있듯 수많은 사람이 거울 속 자신의 모습에 눈살을 찌푸리고 있다. 원인은 천차만별이다. 얼굴, 체형, 흉터, 여드름, 키… 외모 스트레스는 머리끝부터 발끝까지 몸의 모든 부위에 발생할 수 있어 낮은 외모 자존감의 원인 또한 다양할 수밖에 없다. 주목할 만한 점은 원인과 관계없이 심리적 영향력은 꽤나 흡사하다는 것이다. 사람의 뇌는 외형에 민감하게 설계되었고 외모의 본질은 몸의 표면이기 때문이다.

이 책은 여섯 개의 장으로 구성되어 있다. 1장은 외모 자존감에 대한 기본적 지식을 다루었고, 2장에서는 미를 뇌과학적으로 접근해보았다. 3장은 외모 자존감을 떨어뜨리는 변수들을, 4장은 유병률이 높은 몇 가지 외모 콤플렉스를 외모 심리학적으로 접근해보았다. 5장은 외모 자존감이 낮은 사람들이 가진 습관들과 해결책을, 6장에서는 외모 자존감을 지키고 회복하는 데 도움이 되는 11가지 방법을 제시했다. 또한 챕터를 구분하지 않고 외모 스트레스를 대처하는 데 도움이 되는 다양한 심리 기술과 실천법을 수록했다. 외모지상주의가 힘겨웠을 누군가에게 이 책이 자존감 회복의 길로 안내하는 나침반이 되어준다면 더 바랄 게 없겠다.

004   Prologue

Chapter 1

외모지상주의와
외모 자존감

016   외모 자존감과 관련된 개념들

020   외모 자존감이 중요한 이유

023   외모 자존감에 대한 오해와 편견

027   주관적인 외모와 객관적인 외모

030   **SOLUTION** 내가 생각하는 나의 모습 그려보기

031   외모 자존감을 개선하는 두 갈래 길

Chapter 2

뇌인지과학이 밝혀낸
외모 자존감의 비밀

038 예쁘고 잘생긴 사람들에게 끌리는 이유

041 추한 얼굴을 볼 때 활성화되는 뇌 영역

045 외모를 객관적으로 평가할 수 있을까

051 매력지수를 결정하는 외모 외의 변수들

055 얼굴 콤플렉스에 민감한 이유
061 SOLUTION 얼굴 콤플렉스가 있을 때 염두에 두어야 할 점

063 첫인상은 별로지만 끝인상이 좋은 사람들
067 SOLUTION 끝인상이 좋아지는 3단계 실천법

Chapter 3

외모 자존감을
위협하는 변수들

질병 074
SOLUTION 대학병원, 피부과학회 유튜브 활용하기 077

젠더 079

사회 관계망 서비스(SNS) 083
SOLUTION '카페인' 사용 시간 점검하기 086

취약 시기 087
SOLUTION 성형을 결정하기 전에 점검해야 할 사항들 092

097 외모 대화

102 SOLUTION 외모 오지랖에 대처하는 5가지 방법

106 심리적 취약성

112 고정관념

116 외모 등급제

123 SOLUTION 외모가 뛰어난 사람에게 열등감을 느낀다면

Chapter 4

외모 콤플렉스를
느끼는 사람들

두 가지 피부색 130

곱슬머리 134

청춘의 심볼 138

SOLUTION 여드름 콤플렉스에 대처하는 법 142

상대적인 스트레스 145

탈모증 153

SOLUTION 탈모 콤플렉스에 대처하는 법 158

홍당무 콤플렉스 160

짐작하기 힘든 외모 콤플렉스들 163

Chapter 5

외모 자존감 회복을 위해
극복해야 하는 6가지 습관

172 비교 습관
175 SOLUTION 비교 습관에서 벗어나기 위한 3가지 방법

182 생각 습관
191 SOLUTION 생각 습관을 검토하는 2가지 방법

196 거울 습관
199 SOLUTION 거울 습관 표로 작성해보기
207 SOLUTION 표정 습관 표로 작성해보기

208 운동 습관
214 SOLUTION 운동 습관 점검하기

216 식사 습관

223 SCARED 습관
234 SOLUTION 불안한 마음을 다스리는 안정화 기술

 Chapter 6

외모 자존감을 지키는
11가지 방법

주변의 말과 시선에 대처하는 법 240

부정적인 표현 개선하기 249
SOLUTION 표현 습관을 개선하는 방법 255

외모 자극을 걸러내는 필터 수리하기 259

마인드셋 263
SOLUTION 마인드셋을 위한 2가지 방법 268

치장의 중요성 간과하지 않기   272
SOLUTION 치장 습관 표로 작성해보기   277

외모 열등감 행동치료법   278
SOLUTION 외모 불안에서 벗어나는 5가지 방법   284

불필요한 외모 걱정 줄이기   289
SOLUTION 외모 걱정에 대처하는 방법   293

하루일과표 수정하기   296
SOLUTION 외모 자존감 씨앗 뿌리기   299

몸의 기능 인식하기   302
SOLUTION 몸을 활용한 신체 이미지 개선법   306

외모 자존감이 높은 가정의 비결   309
SOLUTION 가족의 외모 자존감을 보호하는 5가지 노하우   312

노화와 외모 자존감의 관계 이해하기   315

Epilogue   318
참고문헌   320

외모지상주의와
외모 자존감

Chapter 1

언제부턴가 '외모 자존감'이라는 말이 자주 들린다.
일상이나 인터넷상에서 외모 자존감이 낮다고 고충을
토로하는 사람들을 흔히 찾을 수 있다. '외모지상주의'도
만만찮다. 많은 사람이 외모 차별로 스트레스를 느끼는데,
이는 외모 심리학적으로 굉장히 염려되는 현상이다.
외모가 중요시되는 세상에서 낮은 외모 자존감은 곧 낮은
자존감으로 이어지고, 연속선상에는 성형률 증가를 비롯한
갖가지 병리 현상들이 자리한다.
통상적으로 외모 자존감이라는 말은
'자신의 외모에 내리는 평가'라는 의미로 사용된다.
실제로는 훨씬 더 복잡한 개념이다.

'외모에 대한 주관적인 만족감'이라는 편협한 의미를 넘어 여러 가지 면을 고려해야 한다. 외모지상주의도 마찬가지다. 엄밀한 정의의 외모지상주의는 사람들이 쓰는 의미와 다소 거리가 있다.

1장에서는 외모 자존감에 대한 올바른 이해를 돕기 위해 기본적인 개념부터 흔히 갖는 오해들, 객관적인 외모와 주관적인 이미지의 차이가 나타나는 이유를 살펴볼 것이다. 이 장을 마칠 무렵에는 외모 자존감에 대한 이해의 폭이 한결 넓어질 것이다.

외모
자존감과
관련된 개념들

　　외모 자존감이라는 말은 우리 주변에서 흔히 쓰이지만, 심리학계에서는 아니다. 외모에 대한 만족감은 다른 몇 가지 요소(지각, 느낌, 행동 등)와 분리될 수 없고, 몸과 외모의 관계는 다차원적이라서 이 모든 요소들을 통합적으로 고려할 필요가 있다. 무엇보다 단순히 주관적 만족감으로 생각할 경우 언행불일치를 보이는 사람들을 걸러낼 수 없다는 맹점이 생긴다. 가령 체중을 줄이기 위해 몸에 무리가 가는 다이어트를 하거나 유해 약물을 복용하는 사람들이 있다. 오로지 외모 관리를 목적으로 하루에 8시간씩 운동하고 원푸드 다이어트를 하는데 이들을 두고 외모 자존감이 높다고 말하기는 어렵다. 주관적 채점의 변동이 심해 자신의 외모에 만족하기도 어렵지만, 무엇보다 이들은 몸을 해치고 있다. 설령 이들 중 누군가가 '나는 내 외모에 만족해'라고 주장하더라도 혹은 실제로 그렇게 느끼더라도 그 사람의 외모 자존감은 가짜일 수밖에 없다. 외모는 몸의 한 측면이고, 외모 자존감은 몸에 대한 존중에서 출발하기 때문이다.

신체 이미지body image는 앞서 언급한 요인들을 통합한 개념이다. 몸에 대해 갖는 생각, 느낌, 인식에다가 그로 인한 행동까지 포괄하는 다층적인 개념으로 정의된다. 쉽게 말해서 외모에 대한 주관적인 이미지에 객관적인 행동이 더해진 것인데, 통상적으로 사람들이 사용하는 외모 자존감은 학술적으로 신체 이미지와 밀접한 관련이 있다. 우리가 생각하는 외모 자존감이 높은 사람은 자신의 외모에 만족하면서 동시에 몸을 건강하게 관리하는 사람들로 긍정적인 신체 이미지를 형성한 사람들이 이에 해당한다. 따라서 이 책에서는 외모 자존감을 주관적 만족감보다는 개념적으로 보다 타당한 신체 이미지나 외모와 관련된 자존감의 관점으로 접근할 것이다.

신체 이미지는 심리학계에서 관심이 높은 분야 중 하나이다. 학계에서 신체 이미지에 관심을 갖는 건 낮은 자존감을 비롯해 우울증, 섭식장애 등 정신질환과의 관련성이 깊기 때문이다. 부정적인 신체 이미지를 형성한 사람은 일반적으로 자의식이 강하고, 자신을 다른 사람보다 덜 매력적이라고 느껴 궁극적으로는 외모를 변화시키려 한다. 반대로 긍정적인 신체 이미지를 형성한 사람은 객관적 외모와 관계없이 자신의 몸을 존중하고 있는 그대로 받아들인다.

신체 이미지의 구성요소[1]

신체 이미지는 자신의 몸에 대한 주관적인 이미지를 뜻한다. 주관적 이미지는 내부적인 관점(지각, 인지, 감정)과 필연적으로 연관되고, 이것은 외모와 관련된 행동으로 이어진다. 정리하자면 '외모 자존감≒신체 이미지=몸에 대한 지각+인지+감정+행동'으로 세분할 수 있다. 신체 이미지의 4가지 요소는 다음과 같다.

●**지각적 요소**_perceptual_ 몸을 어떻게 보느냐이다. 객관적인 몸과 인식되는 몸에는 차이가 있을 수 있다. 예컨대 키 170센티미터에 몸무게 40킬로그램의 비정상적으로 마른 체

구라도 거식증을 앓는다면 자신이 뚱뚱하다고 여길 수 있다.

●**인지적 요소**_cognitive_ 몸에 대해 갖는 생각을 의미한다. 예를 들어 '코가 좀 더 높으면 좋을 텐데', '어깨가 좀 더 넓었다면', '허벅지 살이 좀 빠졌으면' 등 사람마다 자신의 외모에 대한 생각이나 믿음이 있을 것이다.

●**감정적 요소**_affective_ 몸에 대해 갖는 느낌으로써 만족도와 관련 있다. 외모, 몸집, 체형에 대해 부정적으로 느끼는 사람도, 긍정적으로 평가하는 사람도 있을 것이다.

●**행동적 요소**_behavioural_ 외모와 관련하여 행동하는 방식이다. 부정적인 신체 이미지를 형성한 사람은 불만족스러운 부위를 변형하려고 한다. 가령 체중을 줄이기 위해 원푸드 다이어트를 하거나 근육을 키우기 위해 스테로이드를 투여하거나 혹은 성형을 고민할 수 있다. 반면 건강한 신체 이미지를 형성한 사람은 자신의 개성에 맞는 패션과 헤어스타일을 하며, 적절한 강도로 즐겁게 운동하고 건강한 음식을 먹는다.

외모
자존감이
중요한 이유

    언제부턴가 우리 주변은 외모 자존감을 떨어뜨리는 자극들로 득실거린다. 소위 말하는 외모 천재(외모가 뛰어난 사람들을 가리키는 말)들을 SNS로 매일같이 접하고, 팻 토크(몸매에 대한 부정적이고 자기 비하적인 대화)는 일상화되었다. 대부분의 직장에서는 이력서에 사진을 붙일 것을 요구하고 일상속에서도 알게 모르게 외모로 차별을 받거나 누군가를 차별한다. 이처럼 외모가 중요시되는 환경에서 신체 이미지는 자존감과 삶의 질로 밀접하게 이어진다. 만약 몸의 미적 측면에 만족하지 못한다면, 그 사람의 자존감은 피사의 사탑처럼 위태로울 것이다.

그럼에도 불구하고 외모 자존감의 중요성을 올바르게 인식하는 사람은 많지 않은 것 같다. 사람들은 여전히 신체적 특성을 소재로 누군가를 깎아내리며 조롱을 서슴지 않는다. 인터넷 댓글은 연예인들의 외모 악플로 가득하고 현실에서도 별반 다를 게 없다. 외모에 대한 잘못된 고정관념과 인신공격은 매스 미디어에서도 드물지 않게 접할 수 있다. 이 모든 현상은 외모 자존감의 중요성을 인지하지 못하기 때문인데, 유감스럽게도 신체 이미지는 그림자처럼 따라다니며 일상활동과 대인관계, 사고방식에 영향을 준다. 외모는 몸의 표면이자 내면의 발현이고, 이는 곧 관계의 출발점임을 의미한다.

외모 자존감이 건강한 사람은 타인의 말과 시선에 덜 휘둘린다. SNS와 대중 매체, 혹은 일상에서 외모 천재를 만나도 열등감에 빠지지 않고 자신에 대한 존중감을 유지한다. 방학 동안 쌍꺼풀과 코를 성형해서 갑자기 예뻐진 친구를 봐도 질투심이 덜 생기고 다이어트 열풍에도 무작정 휩쓸리지 않는다. 이따금 선을 넘는 누군가의 외모 오지랖에도 타격을 덜받고 스스로를 다독이며 빠르게 회복한다. 외모 자존감이 낮은 사람은 정반대이다. 다른 사람과 자신을 비교하는 과정에서 열등감을 느끼고, 마음에 안 드는 부위에 집착하며 불필요한 걱정에 사로잡힌다. 이들의 머릿속은 부정적인 생각들로 가득하다. 다른 사람이 자신을 어떻게 평가할지 전전긍긍하며 겉모습에 과도하게 몰두한다. 있는 그대로의 모습을 받아들이지 못하다 보니 다른 사람과의 만남을 꺼리게 되고, 종국에는 외모를 바꾸는 방법에 눈을 돌린다.

오래전부터 사람들은 원만한 대인관계의 비결을 궁금해했다. 어떻게 해야 가족, 친구, 동료와 갈등 없이 지낼 수 있는지 고민을 거듭했다. 외부와의 관계에만 너무 신경 쓴 탓일까. 정작 운명공동체인 몸과는 내부 갈등을 일으키는 사람들이 더러 있다. 그러나 몸과의 불협화음은 외부 갈등보다도 당사자에게 더 큰 영향을 끼친다. 가족이나 연인을 포함한 타인과는 아무리 가까운 사이라도 함께하는 시간보다 그렇지 못한 시간이 더 많지만, 몸과는 단 한시도 떨어질 수 없기 때문이다. 그러므로 다른 사람과의 관계도 중요하지만 몸과의 관계에도 관심을 가져야 한다.

외모 자존감에 대한
오해와 편견

서양과 달리 국내에는 아직 신체 이미지 관련 학술서적, 교양서, 논문 자료가 많지 않다. 외모 자존감에 관한 오해가 생기는 것은 이와 무관하지 않을 것이다. 흔히 하는 오해로 다음 세 가지가 대표적이다.

첫째, 외모 자존감은 외모에 의해 결정된다?

(예쁘거나 잘생기면 외모 자존감이 높다, 혹은 못생긴 사람은 외모 자존감이 낮다.) 예쁘고 잘생긴 사람들은 외모 자존감이 높을까? 얼핏 생각하기에 그럴 수 있다. 대부분의 사람은

객관적 외모와 외모 자존감이 어느 정도 비례 관계에 있다고 생각할 것이다. 실제로 빼어난 외모를 지닌 사람들은 후광 효과로 대변되는 외모 프리미엄을 누린다. 확률적으로 주변 사람들에게 긍정적 피드백을 받는 사람은 외모 자존감이 높을 개연성이 있다. 하지만 반드시 그렇다고 단정할 수는 없다. 객관적으로는 분명 외모가 준수한데 외모 자존감이 낮을 수도 있다. 외모에 결함이 없거나 미미한데도 강박적으로 집착하여 자존감이 바닥을 치는 신체이형장애*body dysmorphic disorder*가 대표적인 예다.

반대로 외부에서 긍정적인 피드백을 주지 않아도 외모에 자긍심이 높은 사람들도 있다. 이들의 비결은 외모가 아니라 내면에 있다. 견고한 자존감은 비록 외모가 다른 사람보다 열등하더라도 마치 방패처럼 스스로를 보호해준다. 객관적 외모가 뛰어나지 않아도 외모에 대한 주관적 만족도와 존중감이 높아 이들에게는 자신감이 느껴진다.

외모 심리학적으로 외모 자존감은 다음의 네 가지 요인으로 만들어진다. 사회문화적 요인(미디어, 문화 등), 대인관계 경험(가족, 친구, 기타 외모에 대해 들었던 얘기들), 외모, 심리적 특성(성향, 자존감 등)이 조합하여 형성된다.[2]

둘째, 성형수술을 하면 외모 자존감이 올라간다?

이론적으로 외모 자존감은 객관적인 외모가 개선되면 나아질 수 있다. 외모에 대한 만족감은 이상적으로 생각하는 외모에서 자신의 외모에 내리는 평가의 차이값으로 측정할 수 있다. 실제로 성형수술을 통해 콤플렉스가 해소되면 외모에 대한 불만족감이 줄어들기도 한다. 하지만 외모가 개선되어도 외모 자존감이 올라가지 않는 사람들이 있다. 외모 자존감은 외모와 자존감 모두에 의해 영향을 받기 때문에 그들은 외면이 아닌 다른 곳에 문제가 있다고 추정할 수 있다.

셋째, 외모가 변하지 않으면 외모 자존감은 개선될 수 없다?

반대로 '외모가 그대로인데 외모 자존감이 향상될 수 있는가'라는 의문이 들 것이다. 다시 말해 '외모의 객관적 변화

없이 신체 이미지가 개선될 수 있는가'인데, 정답은 '가능하다'이다. 외모 자존감은 외모 외의 여러 요인의 영향을 받기 때문이다. 실제로 외모의 변화 없이 신체 이미지와 만족감이 향상되었다는 연구 결과가 보고된 바 있다.[3]

해답은 신체 이미지가 거울에 비치는 모습이 아닌 내가 나를 바라보는 관점이라는 데 있다. 겉모습이 달라지지 않더라도 내가 나를 바라보는 방식이 변하면 그 사람의 외모 자존감은 유의미하게 달라진다. 외모 자존감은 다른 사람이 아닌 내가 나를 바라보는 관점이기 때문이다.

주관적인
외모와
객관적인 외모

영화 〈아이 필 프리티 *I feel pretty*〉의 주인공 르네는 통통한 몸매가 불만인 젊은 여성이다. 외모 자존감이 낮은 르네는 어느 날 운동을 하다가 머리를 다친다. 그런데 이 과정에서 자신이 예쁘고 날씬하다는 망상에 가까운 신념에 사로잡히게 된다. 다른 사람들이 볼 때는 여전히 통통한 체구의 르네지만 그녀는 더 이상 이전의 르네가 아니다. 자신이 예쁘다는 믿음은 자신감을 솟구치게 만드는데, 이는 확연하게 밝아진 표정과 패기 넘치는 행동으로 표출된다. 객관적 외모에는 변화가 없지만 오만하다고 느껴질 정도로 급상승한 외모 자존감은 사람들을 끌어들인다. 주관적으로 인식하는 외모의 변화가 유의미한 차이를 일으킨 것이다.

신체 이미지는 기분처럼 주관적인 개념이다. 정의상 외모 사존감은 당사자의 인식과 느낌이 중요하게 작용하는데, 내부의 변화는 필연적으로 외면의 변화를 수반한다. 가령 머리를 다친 이후 르네의 모습은 이전과 현저하게 달라지는데, 만약 외모 자존감의 변화를 측정했다면 틀림없이 극적인 차이를 보였을 것이다.

외모 자존감을 측정하는 가장 대표적인 방법은 설문지를 통한 점검이다. 우울증 평가를 위한 자기보고식 설문지처럼 신체 이미지 검사지를 통해 측정할 수 있다. 정확도는 상대적으로 떨어지지만 즉석에서도 가능한데 자화상을 그려보면 된다. 자신의 모습을 그린 후 주변의 피드백과 비교하면 외모 자존감을 어느 정도 유추할 수 있다.

사람들은 머릿속에 떠오르는 자신의 모습이 실제 모습과 일치한다고 생각한다. 하지만 자화상은 객관적인 모습과 제법 차이가 있다. 이를 보여주는 실험이 있다. 미용 브랜드 도브에서 2013년에 진행한 '리얼 뷰티 스케치*real beauty sketch*'라는 캠페인이다.[4] 이 실험의 요체는 한 명의 화가가 동일한 사람에 대해 두 장의 그림을 그리는 것이다. 한 장은 실험 참여자가 자신을 묘사한 말을 듣고 그린 그림이고, 다른 한 장은 제삼자의 말을 듣고 그린 그림이었다. 결과는 놀라웠다. 대부분 자신이 생각한 것보다 타인이 바라본 그 사람의 외모가 훨씬 더 매력적이었다. 주관적인 외모보다 객관적인 외모가 더 뛰어났던 것이다.

이러한 간극에는 외모 자존감의 영향이 상당 부분 작용한다. 외모 자존감이 낮은 사람일수록 자신의 모습을 부정적으로 인식한다. 가령 거식증이 있는 사람은 자신을 실제보다 뚱뚱하게 느끼고, 신체이형장애를 겪는 사람은 피부의 미미한 흠을 확대 지각한다.[5] 설령 객관적인 외모가 준수해도 이들은 몸에 수치심을 느끼기 쉽다. 외모 자존감은 객관적인 외모보다 주관적인 외모에 더 큰 영향을 받기 때문이다. 만약 자신의 외모가 마음에 들지 않는데 주변 사람들은 그렇게 여기지 않는다면, 외모가 아닌 외모 자존감이 원인일 가능성이 높다.

낮은 외모 자존감은 개인의 문제가 아니다. 도브의 실험에서 보듯 너무나도 많은 사람이 불필요하게 외모 자존감이 저하되어 있다. 틀림없이 외모에 대해 너무 가혹한 잣대를 들이대는 것과 관련이 깊다. 〈아이 필 프리티〉의 르네처럼 정도가 지나치면 문제가 되겠지만 어느 정도는 자신감을 가질 필요가 있다.

내가 생각하는
나의 모습 그려보기

자신의 모습을 그려본 경험은 그리 많지 않을 것이다. 사진이 더 익숙하다 보니 대부분 어릴 때 그려본 게 마지막이지 않을까 싶다. 만약 그렇다면 도브의 실험처럼 자화상을 하나 그려보도록 하자. 거울이나 사진을 보고 그려도 되고 아니면 머릿속에 떠오르는 모습을 그려도 된다. 외모 자존감이 낮은 사람이라면 틀림없이 자화상이 마음에 안 들거나 어쩌면 그림 그리는 것 자체가 불편할지도 모른다. 하지만 도브의 실험에서 보듯 실제 모습은 자신의 생각보다 긍정적일 가능성이 높다. 어떠한 그림이 그려지든 객관적인 나는 주관적인 나보다 나을 것이다.

외모 자존감을
개선하는
두 갈래 길

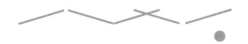

외모가 뛰어난 사람들은 다양한 혜택을 누린다. 외모 프리미엄의 일부는 그나마 사적인 영역에서 일어나지만, 울타리를 침범하는 경우도 드물지 않아 많은 사람이 반기를 든다. 사람들이 외모지상주의에 반발하는 또 하나의 이유는 외모는 유전자의 영향이 크고 변화가 제한적이기 때문이다. 도무지 어떻게 할 수 없는 무언가로 불이익이나 차별을 반복적으로 겪다 보니 적지 않은 사람들이 좌절감과 무력감, 불만족감을 느낀다.

반드시 그렇지만은 않다. 의과학의 발전으로 외모라는

타고난 재능을 어느 정도 변화시킬 수 있게 되었다. 성형의학의 발전으로 구순구개열을 비롯한 선천적 기형의 개선이 가능해졌고, 신약의 등장은 과거에 난치성이었던 질환(탈모, 건선, 아토피 등)의 치료율을 끌어올렸다. 이식의학의 발전은 기형적인 얼굴을 가진 사람들에 안면이식술을 가능케 했고, 정형의학의 진보는 성인이 되면 절대로 변할 수 없는 키마저 수술로 개선할 수 있게 했다. 쌍꺼풀 성형, 보톡스 등의 미용적 개입은 상당수가 경험했을 만큼 흔해졌고, 의학 기술은 지금 이 시간에도 발전을 거듭하고 있다. 외모지상주의라고 불림과 동시에 머리부터 발끝까지 어느 정도는 외모를 바꿀 수 있는 시대인 셈이다.

외모 자존감을 개선하는 방법에는 크게 두 가지가 있다. 외모를 변화시키거나 외모 자존감 회복 훈련에 참여하는 것이다. 외모 리모델링을 통해 이상적 외모에 근접한다면 이론적으로 외모 불만족감도 개선될 수 있다. 만약 외모 콤플렉스를 확실하고 안전하게 해결할 수 있다면 미용적 치료가 해답일지도 모른다. 그러나 아직은 아니다. 과거에 비해 비약적인 발전을 이루었지만 현재의 의학 수준으로 해결할 수 없는 외모 콤플렉스가 적지 않다. 발생 원인이 불분명하거나, 개입의 위험성이 크거나 혹은 결함 부위를 충분히 개선하지 못하는 경우가 종종 있다. 반면 외모 자존감 회복 훈련은 외모 리모델링에 비해 안전성이 높지만 적지 않은 시간이 소요된다. 외모의 변화 없이 외모를 바라보는 관점을 바꾸는 것은 누구나 시도해볼 수 있지만, 그 누구라도 단기간에 효과를 체감하기는 어렵다.

첫 장을 마치며 성형에 대한 개인적인 의견을 밝힌다면 성형수술에 반대하지 않는다. 외모의 변화가 외모 자존감을 개선하는 최선의 방법일 때도 분명히 있다. 특히 기형이 자명한 경우 성형은 가장 현실적인 대책이 되기도 한다. 동시에 찬성하지도 않는다. 성형을 충동적으로 결정하거나 혹은 위험성을 충분히 인식하지 못한 채 진행하여 후회하는 사례들도 적지 않게 접했기 때문이다. 두 갈래 길 중 어떤 길을 택할지는 본인의 몫이다. 여러 가지 측면을 고려하여 신중하게 결정하기를 바란다.

Chapter 2

뇌인지과학이 밝혀낸
외모 자존감의 비밀

서양에서는 기능적 자기공명영상_functional MRI_을 이용해
사람들이 아름다운 얼굴이나 예술 작품을 볼 때
뇌의 어떤 부위가 활성화되는지에 대한 연구가 활발하다.
그중 미적 경험에 대한 자연과학적 접근을 뜻하는
신경미학_neuroaesthetics_은 학계에서 주목받는 분야 중
하나이다. 저자가 신경미학을 비롯한 뇌인지과학 연구에
주목한 것은 외모에 대한 과학적 이해의 폭을 넓혀
궁극적으로 외모 자존감 회복의 실마리를 얻을 수 있다고
판단했기 때문이다.

사람들의 생각과 달리 외모는 매력도를 결정짓는
충분조건이 아니다. 다시 말해 뇌가 매력*attractiveness*을
평가할 때는 외모 외에도 다른 요인들이 관여한다. 동일한
사람이라도 시간에 따라 호감도가 달라지는 건 이 때문인데,
관련 요인들을 파악하여 적재적소로 활용한다면 외모의
변화 없이 매력도를 끌어올리는 데 도움이 될 것이다.
2장에서는 외모에 대한 이해의 지평을 넓히기 위해
여섯 가지 테마를 다루었다. 기존의 편협하고
그릇된 관점에서 벗어나는 건 그 자체로서 긍정적인
영향을 줄 것이다.

예쁘고 잘생긴
사람들에게
끌리는 이유

사람들은 잘생기고 예쁜 이들에게 자꾸 눈이 간다. 드라마나 영화만 보더라도 주인공이 예쁘고 잘생기면 괜히 더 얼굴이 보고 싶어진다. 왜 그들에게 매료되는 걸까? 사람들의 답변은 다양했다. 그중에서 '인간의 본성이 원래 그렇다' 혹은 '진화 심리학적으로 예쁘고 잘생긴 외모가 적응과 생존에 유리하다'라는 대답이 가장 일반적이었다. 직감에 근거한 그럴 듯한 답변이지만, 그렇다고 의문이 충분히 해소되지는 않는다. 궁금점을 해결하기 위해 우리의 뇌에서는 매력적인 얼굴을 볼 때 어떤 일이 일어나는지 관련 연구들을 살펴보도록 하자.

우선 우리가 예쁘고 잘생겼다고 말하는 '미美'의 정의에 대해서 생각해볼 필요가 있다. 연구들마다 차이가 있지만, 미는 일반적으로 예술 작품이나 사람의 외모같이 미적 대상aesthetic object으로부터 기쁨을 얻는 미적 경험pleasurable aesthetic experience을 말한다.[1] 이 정의에 따르면 우선 부정적인 미적 경험은 미가 아니다. 또한 미적 대상이 아닌 대상(예컨대 일반적인 사물)으로부터 받는 느낌은 미가 아니다. 두 번째로 미를 음식이나 성행위, 도덕적 행동에서 비롯되는 일반적인 기쁨general pleasure과 구별한다. 미의 정의는 신경미학 연구의 기본 지침이 되는데, 앞선 정의를 충족시키는 상황에서 활성화되는 뇌 부위를 기능적 영상검사로 확인하면 상호연관성이 높은 영역임을 알 수 있다.

뇌과학적으로 남성이 예쁜 여성의 얼굴을 보면 안와전두피질orbitofrontal cortex과 측좌핵nucleus accumbens 같은 보상reward 관련 뇌 영역이 활성화된다.[2] 맛있는 음식을 먹고 게임할 때 활성화되는 뇌의 부위가 예쁜 얼굴을 볼 때도 활성화되는 것은 뛰어난 외모에 이끌리는 걸 생물학적으로 설명해준다. 태어난 지 얼마 안 된 아기들이 예쁜 백인 여성을 오래 응시하는 선호 반응을 보였다는 연구 결과가 있다.[3] 사회화 과정을 거치지 않은 아기들조차 예쁜 사람을 선호한 것인데, 우리가 예쁜 외모에 이끌리는 데는 선천적인 영향, 즉 본성이 작용한다는 사실을 인정할 수밖에 없는 결과다.

연구 결과를 보고 충격을 받은 사람들도 있을 것이다. 외모에 대한 반응이 자동적이라면 '외모지상주의는 어쩔 수 없는 것이니 성형이 가장 합리적인 선택이 아니냐'고 반문할지도 모른다. 하지만 아직 체념하기는 이르다. 얼굴 생김새 외의 다른 요인들도 뇌의 활성화에 영향을 주기 때문이다.

추한 얼굴을 볼 때
활성화되는
뇌 영역

뛰어난 외모를 볼 때 보상 회로가 활성화된다면 반대로 비매력적인 외모는 어떤 뇌 구역을 활성화시킬까? 못생긴 외모는 뇌의 편도*amygdala*와 섬엽*insula*을 활성화시킨다.[4] 이 구역들은 부정적인 정서 및 혐오감*disgust*과 관련된 뇌 영역인데, 혐오감은 낯설고 위험한 자극을 민감하게 알아차려 멀어질 수 있게 도와주는 순기능이 있다. 이러한 뇌의 혐오 반응으로 인해 추한 외모를 가진 사람들은 괴물 취급을 당하기도 했다. 예컨대 한센병에 걸린 사람들이 소록도에 수용된 것은 전염성 때문이기도 하지만 변형된 외모와 그로 인한 혐오감이 더 큰 영향을 끼쳤다.

《삼국지》에서 유비가 방통을 홀대한 것도 이와 무관하지 않다. 방통은 외모가 추하다고 묘사된 몇 안 되는 인물이다. 첫 만남에서 유비가 떨떠름한 반응을 보인 것은 분명 외모 때문이었다. 방통의 추한 외모를 본 유비는 자신도 모르게 거부감을 느꼈을 것이다. 이는 겉모습이 수려한 제갈량이 첫 만남부터 극진한 대우를 받은 것과 반대되는 일이다.

혐오 반응을 희석하는 방법

개인적으로 '한센병'이라는 단어를 들었을 때 가장 먼저 떠오르는 건 '한센병은 전염률이 극히 낮다'는 것과 '원인균이 나균'이라는 두 가지다('소록도'나 '당신들의 천국' 혹은 '문둥병'이 떠오르는 사람도 있을 것이다). 한 가지 흥미로운 점은 한센병이 전염률이 낮다는 사실을 알게 된 건 의대 강의를 통해서가 아니었다. 원인균과 달리 낮은 전염성은 의대 진학 전에도 이미 알고 있었다. 문학 교과서에 실린《당신들의 천국》을 통해서였는데, 대한민국 사람이라면 대부분 마찬가지가 아닐까 싶다.

요즘 사람들은 예전과 달리 일부러 소록도에 방문한다. 기이한 현상이다. 외모지상주의인데 추한 외모를 지닌 사람들을 찾아가는 것은 뇌의 혐오 반응을 거스르는 일이다. 이러한 역설적 현상에는 여러 이유가 있겠지만 외국의 연구에 의하면 정보의 영향이 크다고 한다.[5] 한센병에 대한 사람들의 반응이 달라진 건 뇌과학적으로는 한센병에 대한 지식이 혐오 반응을 중화시켰기 때문이라고 볼 수 있다.《삼국지》에서 방통을 홀대하던 유비가 머지않아 자신의 행동을 후회한 것도 같은 맥락이다. 방통의 진가를 눈앞에서 목격한 장비의 천거 이후 유비는 방통에게도 제갈량 못지않은 대우를 하며 가까이 지내게 된다.

　　사람들이 예쁘고 잘생긴 외모를 선호하고 추한 외모를 거부하는 것은 결국 뇌 때문이다. 적확히 말하자면 뇌가 투시력이 없어서다. 첫 만남만으로 완전한 정보를 얻을 수 있는 외모와 달리 다른 정보들은 파악하기가 어렵다. 그 어떤 사람의 뇌도 첫 만남에서는 외모 외의 정보를 파악하지 못한다. 제갈량과 비슷한 역량을 가진 방통이 냉대받은 것도 유비의 뇌가 외모와 관련된 정보만을 파악할 수 있는 대인관계의 초기 단계에 있었기 때문이다.

　　비록 투시력은 없지만 뇌는 학습의 중추이다. 관계가 무르익으면서 외모 외의 다른 정보들이 누출되면 서서히 자료를 수집한다. 그러면서 못생긴 외모에 대한 부정적인 느낌이 달라진다. '부정적 외모＝열등한 능력', '기형적 외모＝위험한 사람'이라는 선입견이 허물어지게 된다.

방통처럼 외모가 뛰어나지 못한 사람일수록 이 사실을 기억해야 한다. 첫 만남에서 상대방의 반응에 대해 어느 정도 마음의 준비를 하되 그게 영원하지 않다는 점을 염두에 두어야 한다. 비록 처음에는 전부인 것 같지만 그 어떤 사람에서도 외모가 전부일 수는 없다.

외모를
객관적으로
평가할 수
있을까

인기 웹툰이자 드라마 〈내 아이디는 강남미인〉에서 주인공 강미래는 얼굴이 못생겨 학창 시절 왕따를 당했다. 별명이 '강오크'였고, 죽음을 고민할 정도로 외모 스트레스가 컸다. 대학생이 된 주인공은 성형과 다이어트를 해서 예쁘다는 얘기를 들을 정도가 되었지만 외모 자존감은 아직 밑바닥이었다. 표정과 말투 그리고 행동을 통해 이를 유추해볼 수 있다. 또 하나 주인공의 외모 자존감을 드러내는 장면이 있는데 다른 사람의 얼굴에 점수를 매기는 평가 습관이다.

언제부턴가 주인공은 사람들의 외모를 0점부터 100점까지 채점하는 습관이 생겼다. 어린 시절 왕따를 당한 탓에 누구보다도 외모 평가에 민감해졌고, 주변 사람들이 해온 얼굴 평가를 본인도 모르게 내재화한 것이다. 그런데 작품 중에서 주인공의 외모 평가 점수는 객관적인 것으로 설정된다. 엄밀하게 말하자면 주인공 내면의 평가는 개인이 매기는 점수이기에 객관적이라 볼 수 없지만 그렇다고 객관적이지 않다고 말하기도 어렵다. 독자들도 아마 경험으로 알고 있을 것이다. 여럿이서 외모에 대한 순위를 매기면 일치도가 꽤 높다는 사실을. 실제 한 연구에서는 일치도가 0.9(90%)를 넘었다는 결론을 보고한 바 있다.[6]

우리 주변에서 일어나는 얼굴 평가

외모지상주의에서 외모는 등급화된다. '여신'이나 '존예'는 소속 집단에서 외모가 가장 예쁜 사람을 이상화하는 표현이다. '남신'이나 '존잘' 등의 말은 외모가 가장 잘생긴 사람에게 따라붙는 경어이다. 그런 별칭이 떠오르는 사람은 나뿐만 아니라 모두가 예쁘고 잘생겼다고 찬양할 것이다. 소위 외모 등급제는 사회문화적으로 설정된 이상적 미의 기준과 관련이 깊은데, 대부분의 사람은 성장 과정에서 이러한 기준을 내재화한다. 미용성형 역시 현 시대 미의 기준을 참고하여 외모에 개입한다고 볼 수 있다. 역으로 얼굴이 못생긴 사람은 다른 사람들이 볼 때도 그렇게 느껴질 가능성이 높다. 아직까지 외모 품평이 비교적 흔하다 보니 못생긴 사람들은 특히 학창 시절에 부정적인 외모 평가를 들었을 가능성이 높다.

외모 평가는 대중적인 무대에서도 일어난다. 공적인 외모 평가가 일어나는 대표적인 장소로 미스코리아 대회가 있다. 이른바 '외모 대회' 격인 미스코리아 대회는 피겨스케이팅이나 체조 종목처럼 여러 심사위원이 채점을 한다. 외모 심리학적으로 흥미로운 현상은 이따금씩 결과에 논란이 발생한다는 점이다. 입상자보다 다른 참여자의 외모가 더 매력적이라는 댓글이 달릴 때가 드물지 않게 있다. 외모 평가는 사람들간 일치도가 높다고 했는데 어째서 이런 결과가 나타나는 걸까? 대회에서 결과에 대한 논란이 발생하는 데는 크게 두 가지 이유가 있다. 우선 미의 인식에는 사회문화적 영향이 있지만 개인에 따른 차이도 있다. 무엇보다 외모의 수준이 엇비슷할수록 사람들간 평가가 갈릴 가능성도 높아진다. 외모 대회는 애초에 외모가 뛰어난 사람들이 선별적으로 참여하다 보니 결과에 대한 논쟁이 자주 일어날 수밖에 없는 것이다.

소개팅 어플에서는 이와 반대되는 현상이 일어난다. 어플에 가입하기 위해서는 대부분 프로필 사진을 제출해야 한다. 그런데 일부 어플에서는 내 사진을 본 다른 가입자들이 0점부터 5점까지 외모를 채점하고 점수를 나에게 피드백한다. 집단 지성을 이용하여 암암리에 외모를 등급화하는 것인데, 외모 대회와 달리 불특정 다수가 참여하는 매체다 보니 비교적 높은 일치도를 보인다.

일치도가 높다는 사실에서 한 발짝 더 나아가 '키나 체중처럼 외모도 객관적으로 정량화할 수 있을까' 하는 의문을 가지는 사람도 있을 것이다. 다시 말해 객관적인 '얼평'이 가능한지의 여부인데, 아직까지는 누구도 이의를 제기할 수 없는 얼굴 평가 기술은 개발되지 않았다. 하지만 모를 일이다. 언젠가 뇌공학 기술이 고도로 발전한다면 인공지능을 이용해 최대한 객관적인 방식으로 외모가 평가될지도.

외모를 평가하는 건 모두의 마음속에서 일어나지만 동시에 상대방에게 평가받는 건 썩 내키지 않는 일이다. 집단 외모 품평만으로도 불안하고 소름 끼치는데, 인공지능의 외모 채점은 누군가에겐 확인사살처럼 느껴질지도 모른다.

아름다운 외모의 조건

뛰어난 외모를 볼 때 뇌에서는 보상 반응이 일어나고 사람들간 일치도가 높다는 사실이 밝혀졌다. 그런데 뇌에서 매력적이라고 인식되기 위해서는 어떤 조건이 필요할지 의문이 들 수 있다. 도대체 어떤 신체적 특성이 매력적이라 간주되는 걸까? 아직 퍼즐 조각들이 완벽하게 맞춰지진 않았지만 뛰어난 외모의 조건에 대해서 밝혀진 몇몇 사실들이 있다.

분명 외모 평가는 일치도가 높지만 그렇다고 백 퍼센트 일치하지 않는다. 누군가의 말대로 시대에 따른 차이도 있다. 동시대라도 어떤 특성(남성의 넓은 어깨와 큰 키, 여성의 큰 가슴과 넓은 골반 등)은 많은 사람이 매력적이라 느끼지만 꼭 그렇지 않은 것도 사실이다. 이와 반대로 외모의 어떤 특성은 만장일치로 아름다움의 기준이 설정되어 있다.

젠더 심리학 전문가 러네이 엥겔른에 의하면 맑고 깨끗한 눈망울, 몸의 대칭성, 탐스러운 머리카락, 그리고 아기처럼 보드라운 피부가 보편적인 아름다움의 목록에 등록되어 있다.[7] 그중에서도 탄력 있고 백옥처럼 매끈한 피부는 보편적인 미의 가장 대표적 요건으로 꼽힌다. 잡티가 없는 깔끔한 피부는 모든 지구인들이 공통적으로 희망하는 이상적 외모의 조건이다. 피부가 외모 버킷리스트 최상단에 기재된 것은 피부질환자의 외모 자존감이 취약하다는 사실과 동전의 앞뒷면 관계에 놓여 있다.

매력지수를
결정하는
외모 외의
변수들

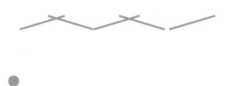

외모 평가의 일치도가 높은 것은 외모가 뛰어나지 못한 사람들에게는 썩 달갑지 않은 사실이다. 하지만 아직 포기하기에는 이르다. 뇌가 매력을 평가할 때 외모만을 보지 않기 때문이다. 다시 말해 외모 외의 다른 요인들도 매력지수에 관여한다.

첫 번째 요인으로 **기억이나 경험**이 있다. 동일한 외모라도 그 사람에 대한 어떤 기억이나 경험은 매력지수를 변화시킨다. 개인적으로도 대학교 1학년 겨울방학 때 이를 체감한 적이 있다. 아르바이트를 하러 간 음식점에서 처음 본 순간 굉장히 예쁘다고 느낀 여성이 있었다. 아직도 어렴풋이 떠오를 정도로 그녀의 겉모습은 매혹적이었다. 동그랗고 쌍꺼풀이 진 눈과 기다란 눈꺼풀, 포니테일로 묶은 S컬의 긴 머리, 베이지색 코트 차림이었다. 매력적이던 첫인상이 반전된 건 정확히 3주 만이었다. 각종 핑계를 대면서 업무를 떠넘기는 그녀의 모습에 나와 동료들은 기분이 상했다. 본인만 특별대우를 받으려는 게 불편했다. 흥미로운 건 이후로 그녀의 외모가 변했다는 점이다. 객관적인 외모는 여전했지만 관찰자인 나의 눈에서 그녀는 '예쁘지만 예쁘지 않은' 다른 사람에게 언어로 전달하기 어려운 모습으로 느껴졌다. 불과 한 달 만에 매력지수를 평가하던 뇌에서 모종의 변화가 일어난 것이었다.

실제로 신경미학 연구에 의하면 기억과 경험은 상대방의 외모를 지각하는 데 영향을 줄 수 있다. 쉽게 말하자면, 뛰어난 외모를 가진 사람에게 나쁜 기억을 갖게 되면 여러 뇌 부위가 동시에 활성화되면서 예쁜 외모가 주는 보상 반응이 상쇄된다. 가슴 설레던 첫인상이 좋지 않은 끝인상으로 귀결되는 뇌과학적 메커니즘이라고 볼 수 있다. 객관적인 측면에서 외모 프리미엄의 존재를 부인하기는 어렵다. 하지만 아무리 첫 만남에서 가산점을 받아도 외모 자존감과 소위 말하는 내면의 아름다움이 갖춰지지 않으면 점수는 금세 바닥나버린다. 뇌가 선호하는 잘생기고 예쁜 외모도 뇌과학적으로 한계가 있다는 뜻이다.

냄새도 매력지수에 영향을 끼칠 수 있다. 〈내 아이디는 강남미인〉에서 주인공 강미래의 꿈은 조향사이다. 그녀가 조향사를 꿈꾸게 된 건 '향수는 보이지 않는 아름다움이다'라는 기고문을 읽고 나서였다. 학창 시절 만신창이였던 외모 자존감을 위로해준 향수에 관한 기고문은 뇌과학적으로도 어느 정도 근거가 있는 얘기이다.

잉글랜드에서 진행된 한 연구에서 여성들은 남성의 얼굴 사진을 후각 자극기*olfactometer*를 통해 각각 좋은 냄새, 나쁜 냄새와 같이 제공받은 뒤에 매력도를 평가했다. 연구 결과, 동일한 얼굴이라도 안 좋은 냄새를 제공받았을 때 여성들은 덜 매력적이라고 인식했다. 얼굴 사진이 나쁜 냄새와 같이 제공되면 편도와 앞쪽 뇌섬엽*anterior insular cortex*의 활성도가 높아졌는데,[8] 이 부위는 부정적인 정서와 관련이 있다. 동일한 얼굴이라도 냄새에 따라 매력지수에 차이가 발생한다는 결론인데, 반대로 악취를 제거하면 외모의 변화 없이 매력지수를 높일 수 있다. 그렇다고 좋은 냄새를 풍기기 위해 값비싼 향수를 구매하라는 말이 아니다. 좋은 향기보다 훨씬 더 중요한 것은 나쁜 체취를 풍기지 않는 것이다.

유머, 자신감, 용기와 같은 **내면적 특성** 또한 누군가를 매력적이라고 느끼는 데 적지 않은 영향을 끼친다.[9] 많은 사람이 '외모가 좀 더 나았다면, 외모만 달라진다면…' 하고 생각하지만, 차이는 외모가 아닌 내면의 변화에 의해 발생할지도 모른다. 얼핏 연관이 없어 보이지만 마음가짐은 뇌가 매력을 평가할 때 보는 주요한 정보 중 하나이다.

마지막으로 단일 민족인 대한민국에서는 체감하기 어렵지만 외모에 매력을 느끼는 데는 **인종**의 영향이 작용한다. 대표적으로 백인 남성에 비해 흑인 남성들이 흑인 여성을 더 선호하는 현상을 들 수 있다. 뿐만 아니라 흑인은 체형이 큰 사람에게 매력을 느끼는 경우가 백인에 비해 상대적으로 많은데, 문화마다 매력을 평가하는 기준이 상이하기 때문으로 추정된다.

얼굴
콤플렉스에
민감한 이유

외모는 몸의 겉모습 전체를 뜻하는데 사람들은 흔히 얼굴을 외모라고 말하는 경향이 있다. 이러한 관습적 표현에는 그만큼 얼굴 외모가 중요하다는 인식이 깔려 있다. 얼굴은 누구나 신경을 쓴다. 아무리 외모에 관심이 없는 사람이라도 아침마다 세안하고 스킨과 로션을 바르는 최소한의 외모 관리를 한다. 얼굴에는 다른 부위와 달리 사회적 기능이 내포되어 있기 때문이다. 안면부는 사람을 식별하는 마커 역할을 한다. 가령 브래드 피트처럼 안면실인증*prosopagnosia*이 있는 사람은 옷차림이나 목소리, 냄새 등 다른 감각적 특성으로 사람을 식별해야 하는데 이는 상당히 까다롭고 정확도가 떨어진다.

몸의 다른 부위와 달리 얼굴에는 정체성이 담겨 있다. 키와 피부색, 허리둘레가 비슷한 사람은 수두룩하지만 나와 얼굴이 동일한 사람은 한 사람도 존재하지 않는다. 간혹 누가봐도 성형이 잘 되었는데 당사자가 적응을 못하는 경우도 있다. 이는 수십 년간 봐온 얼굴이 단번에 변해서다. 아무리 변화의 방향이 긍정적이어도 속도가 너무 빠르면 심리적으로 타격을 받는 것이다. 〈내 아이디는 강남미인〉에서 주인공 강미래의 아버지는 자신 몰래 성형하여 외형이 크게 달라진 딸을 받아들이기 어려워한다. 성형수술을 통해 이상적인 얼굴에 근접하는 건 어떤 면에서 정체성과 개성의 소실을 뜻하기 때문이다. 성형한 사람들을 가리키는 은어 중에 '의란성 쌍둥이'라는 말이 있다. 아름다운 얼굴을 위해 개성을 포기한 걸 풍자하는 표현인데, 이는 아버지 세대의 유교적 신념과 정면으로 대립된다.

얼굴 콤플렉스와 개성

대부분의 외모 콤플렉스는 모두에게 단점이 된다. 가령

여드름은 아무리 생각해도 장점으로 간주하기 힘든 변수이다. 그렇다고 '외모 콤플렉스＝단점'이라는 등식이 언제나 성립하는 것은 아니다. 대부분의 사람에겐 단점이지만 다른 누군가에게는 장점이 되는 콤플렉스도 있고, 반대로 누군가의 장점이 다른 사람의 단점이 되기도 한다. 매력지수를 결정하는 데는 단순히 부분의 합이 아닌 조화라는 변수가 더해지기 때문이다.

예컨대 A 연예인에게서 눈, B 연예인에게서 코, C 연예인에게서 이마를 가져와 합친다고 매력지수가 극도로 높아지지는 않는다. 따로 떼어놓고 보면 분명 매력적이지만 전체적으로는 어색함이 느껴진다. 본의 아니게 성형을 여러 번 한 사람들의 일부는 이 점을 생각하지 못한 사람들이다. 가령 콤플렉스였던 코를 높이면 물리적으로는 해당 부위에만 변화가 생기나 이마와 턱이 낮아 보이는 등 구성도에 영향이 가해진다. 이로 인해 코가 예뻐져도 전체 매력지수는 감소하는 역효과가 발생해 이마를 높이고 턱 끝도 뾰족하게 다듬는 예상치 못한 시술로 이어진다.

반대로 콤플렉스로 간주되는 특성이 누군가에게는 전반적인 조화도를 끌어올리는 구심점이 되기도 한다. 가령 돌출입은 흔히 얼굴 콤플렉스로 여기지만 누군가에게는 매력 포

인트가 된다. 그런 사람들은 성형을 통해 돌출입을 개선하는 것이 오히려 전반적인 외모와 인상, 무엇보다도 하나밖에 없는 개성을 앗아갈 우려가 있다. 얼굴의 점도 마찬가지다. 상당수의 사람들이 점을 빼려 하지만 누군가는 특정 부위에 점이 있었으면 한다. 이처럼 대부분의 사람이 콤플렉스라고 여기는 외모의 특성도 얼굴 구조물과의 조화 여부에 따라 장점이 될 수도 있다. 어쩌면 그 콤플렉스가 전체 매력지수를 위해 자신의 존재감을 희생하고 있는지도 모른다. 개성이 외모열등감을 자존감으로 바꾸는 또 하나의 열쇠인 셈이다.

얼굴 콤플렉스가 빈번한 이유

'못생겼다'라는 형용사는 외모를 부정적으로 묘사할 때 사용된다. 하지만 '못생겼다'는 말을 한 가지 모습으로 특정하기는 쉽지 않다. 틀림없이 굉장히 다양한 형상들이 아른거릴 텐데 이는 얼굴이 기하학적으로 굉장히 복잡한 구조물이기 때문이다. 그렇다 보니 거의 모든 사람들이 얼굴의 어딘가에는 불만을 갖는다. 흔히 호소하는 얼굴 콤플렉스는 다음과 같다.

얼굴 부위	콤플렉스
눈	사납고 날카로운 인상의 눈, 작은 눈, 쌍꺼풀이 없는 눈, 안검하수 등
코	낮은 코, 메부리코 등
치아	부정교합, 손상된 치아 등
이마	넓은 이마, 좁은 이마, 납작한 이마 등
광대	튀어나온 광대 등
턱	사각턱, 무턱, 돌출입 등
피부	탈모증, 새치, 여드름, 주름살, 기미, 흉터, 주근깨, 사마귀 등
전반적 외관	비대칭, 부조화 등

외모 콤플렉스는 정의상 몸의 모든 부위에 발생할 수 있는데 얼굴에 특히 쉽게 나타난다. 앞서 살펴본 목록처럼 얼굴 구조물이 매력적이지 않아 발생하는 콤플렉스도 있지만, 또 하나의 변수는 다른 부위에서는 별것 아닌 현상이 얼굴에 발생하면서 콤플렉스가 되기도 한다는 점이다. 예컨대 팔다리에 있는 점, 상처, 여드름과 얼굴에 있는 점, 상처, 여드름은 신경 쓰이는 정도가 천지 차이다. 얼굴이라는 주어진 구역 내에서도 세부적인 발생 부위에 따라, 같은 부위라도 다른 구조

물과의 조화도에 따라 콤플렉스 여부와 정도가 결정된다. 외모 심리학적으로 얼굴은 그저 특별한 부위라고밖에 설명할 수 없을 것 같다.

얼굴 콤플렉스가 있을 때
염두에 두어야 할 점

얼굴에 콤플렉스가 있으면 선택적 주의가 발생하기 쉽다. 가령 안면부에 여드름이 있으면 얼굴을 보며 적확히 말해 얼굴만 보면서 자괴감을 느낀다. 아무래도 외모의 중심부다 보니 대부분의 사람은 특별한 문제가 없는 한 얼굴 외의 다른 부위를 인식하지 못한다. 그러나 외모 콤플렉스는 몸의 어디에나 발생할 수 있다. 가령 뱃살이 고민이거나 무좀으로 양말을 벗지 못하거나 혹은 등드름이 힘겨운 사람들도 더러 있다.

만약 자신도 모르게 얼굴에 대한 선택적 주의에 빠져 있었다면 시선을 분산시킬 필요가 있다. 외모 콤플렉스는 우리 몸 어디에나 발생할 수 있고 두부*head part*는 체표면적의 9퍼센트에 불과한 외모의 일부라는 점을 기억해야 한다. 마찬가지로 특정 부위에 콤플렉스(예컨대 뱃살, 팔자주름, 낮은 코, 탈모 등)가 있으면 해당 부위에 주의가 집중되기 마련이다. 그로 인해 콤플렉스와 관련된 얘기에 민감해지기 쉬운데 시야를 좀 더 넓힐 필요가 있다.

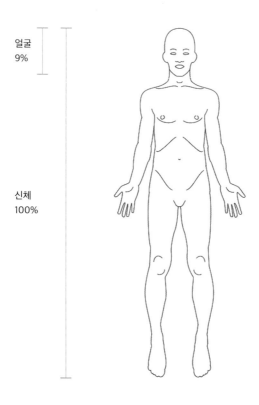

얼굴
9%

신체
100%

얼굴과 몸

첫인상은
별로지만
끝인상이
좋은 사람들

외모 스트레스를 호소하면 꼭 내면의 아름다움이 더 중요하다고 훈계하는 사람들이 있다. 이들의 말에 동의하기 어려운 이유는 내면보다 외면의 중요성을 체감하는 상황이 더 빈번하기 때문이다. 외모보다 내면의 아름다움이 더 중요하다는 말은 그만큼 사람의 본성이 외면에 휘둘리기 쉽고, 우리가 외모를 중요시하는 세상에 살고 있다는 점을 시사한다.

외모가 중요한 이유 중 하나로 흔히 초두 효과를 꼽는다. 먼저 제시된 정보가 나중에 들어온 정보보다 전반적인 인상에 더 중요하다는 심리 현상이다. 하지만 우리는 첫인상과 끝인상이 결코 동일하지 않다는 사실 또한 경험적으로 알고 있다. 첫인상은 좋았지만 끝인상이 좋지 않았던 사람도 있고, 반대로 첫인상은 별로지만 끝인상이 좋았던 사람도 있다.

매력적이지는 않지만
아름다운 사람들

영어의 형용사 중에서 외모를 묘사하는 표현으로 attractive와 beautiful이라는 단어가 있다. 흔히 attractive는 '매력적인', beautiful은 '아름다운' 정도로 알고 있을 것이다. 하지만 이 둘에는 차이가 있다. 외모 심리학에서 attractive는 겉모습에 한정된 표현이지만 beautiful은 외모와 소위 말하는 내면의 아름다움 모두를 포함한 개념이다.[10]

어떤 사람들은 attractive하지만 beautiful하지는 않다. 반대로 attractive하지는 않지만 beautiful한 사람이 있다. 전자는 첫인상이 좋지만 끝인상은 그에 미치지 못하는 사람들이다. 반대로 매력적이지 않았던 첫인상이 인식하지 못한 사이에 조금씩 변하다 종국에는 가장 아름다워지는 사람들이 있다. 개인적으로 인턴 시절에 이를 체감한 적이 있다.

의사가 된 지 한 달도 채 안 된 3월, 인턴들은 모두 깨끗한 가운처럼 남다른 각오로 일을 한다. 아직은 실무능력이 미숙한 탓에 불안하기도 하지만 마음은 설렘으로 가득하다. 날씨가 따뜻해지면 일은 익숙해지나 피로가 누적되어 몸은 무거워진다. 낙엽이 지고 눈 내리는 겨울이 되면 일이 지겨워진다. 새하얗던 가운에 어느새 때가 진 것처럼 1년이라는 시간이 지나면 새내기 의사의 태도와 마음가짐은 흐트러지고 그러는 새 많은 것이 드러난다. 인턴들은 여러 진료과를 순환근무하면서 동시에 선배 의사들에게 평가를 받는다. 여기에는 어깨 너머로 인턴들을 지켜본 교수님과 레지던트의 느낌이 작용한다.

동료였던 그분은 인턴 평가에서 높은 점수를 취득했다. 항상 밝은 표정으로 인사했고 누구보다도 일찍 출근하고 늦게 퇴근했다. 심신이 지치는 상황에서도 환자에게 상냥했고 늘 동료를 먼저 챙겼으니 당연한 결과였다. 언젠가 그녀 스스로 '나는 외모가 예쁘지 않다'고 말했지만, 돌이켜보면 외모자존감과 내면의 에너지는 누구보다도 뛰어났던 것 같다. 친화성과 배려심, 친절함과 성실성 같은 눈에 보이지는 않지만 분명하게 전해지는 내면의 기운이 그녀를 가장 훌륭한 동료이자 시간이 흘러 과거를 회상할 때 가장 먼저 머릿속에 떠오르는 아름다운 사람으로 만들었다.

처음 누군가를 봤을 때 외모에 대한 평가는 분명 사람들 간 일치도가 높다. 동시에 첫인상은 공기에 노출된 사과처럼 시간이 지나면 변색되도록 사람의 뇌는 설계되었다. 외모라는 자극 외에도 여러 정보가 더해지면서 외모를 바라보는 뇌의 느낌이 달라지는 것이다. 첫인상과 끝인상의 차이는 여기에서 나타난다. 빼어난 외모가 벚꽃처럼 강렬한 인상을 준다면, 외모 자존감과 내면의 아름다움은 효력이 나타나기까지의 시간은 길지만 오래도록 지속되는 모종의 패턴이라고 볼 수 있다.

실제로 매력*attractiveness*과 아름다움*beauty*을 순위로 매겼을 때 일치도는 낮은 편이다. 예컨대 매력지수는 높지만 보고 싶지 않은 연예인들이 있다. 이는 아름다움을 인식하는 뇌가 외모 외의 정보도 종합적으로 처리하기 때문이다. 아무리 이상적인 외모에 기준이 있다지만 '아름다움은 보는 사람의 눈에 달려 있다'는 어느 사상가의 말이 틀렸다고 볼 수 없는 것은 이 때문이 아닐까 개인적으로 생각해본다.

끝인상이 좋아지는
3단계 실천법

1

자주 만나기

설립 초기 에펠탑은 주변 건축물과 부조화를 일으켜 흉물 취급을 받았다. 그런 에펠탑이 랜드마크로 부상할 수 있었던 건 심리학적으로 단순 노출 효과*mere-exposure effect* 혹은 친밀성의 원리 *familiarity principle*로 설명할 수 있다. 말 그대로 고층 건물인 에펠탑이 워낙 눈에 띄어 자주 보다 보니 거부감이 줄고 익숙해진 것이다. 반복적인 노출의 효과는 외모에도 적용된다.[11] 아무리 외모가 열등하더라도, 심지어 기형적인 외모를 지녔더라도 계속해서 만나면 뇌가 외면에 익숙해져 거부감이 줄어든다. 뇌는 어떠한 자극에도 적응하도록 설계된 생체 기관이기 때문이다.

2

내면의 건강함 갖추기

단순 노출 효과를 통한 첫인상 만회에는 전제가 따른다. 높은 외모 자존감과 건강한 내면의 에너지가 뒷받침되어야 한다. 건강한 신체 이미지를 형성한 사람은 눈맞춤과 표정, 말과 몸짓을 통해 무의식적으로 내면의 건강함을 상대에게 전달한다. 이들은 첫 만남에서 상대방을 매료시키지 못하더라도 장기전에서 자신의 진가를 드러낸다.

3

나만의 표로 작성해보기

attractive하지는 않지만 beautiful한 사람들은 소위 말하는 '내면의 아름다움'을 갖춘 사람들이다. 지금까지 만난 사람들 중에서 beautiful한 사람이 있다면 이름을 적고 그렇게 느낀 이유를 생각해보자.

외모가 뛰어나지는 않지만 아름다운 사람	그 사람의 첫인상 (0~10점)	그 사람의 끝인상 (0~10점)	그렇게 느낀 이유 (친화성, 성실성, 자신감, 배려심, 끈기, 진솔함 등)
김민지	3	8	배려심, 친절함 온화함
박영주	2	6	자상함, 인내심

Chapter 3

외모 자존감을
위협하는 변수들

1장에서 언급했듯 외모 자존감은 크게 네 가지
요인(사회문화적 요인, 대인관계 경험, 외모, 심리적
특성)으로 형성된다. 3장에서는 이 요인들에 영향을 주는
여덟 가지 변수(질병, 젠더, SNS, 취약 시기, 외모 대화,
심리적 취약성, 고정관념, 외모 등급제)를 다루었다.
변수의 종류와 영향력의 정도는 사람마다 차이가 크다.
일부 변수는 통제가 가능하지만 그렇지 못한 변인도 있다.

가령 SNS처럼 사회문화적 변수는 많은 사람에게
영향을 끼치고 대부분 제어 가능하다.
하지만 아토피나 건선 같은 질병은 일부 혹은
극소수에게만 나타나고 난치성인 경우도 있다.
외모 자존감이 낮은 사람들 대부분은 여덟 가지
변수 중에서 해당되는 게 있을 것이다.
자신도 모르게 외모 자존감을 갉아먹던 변수를 파악하여
조절하는 것은 회복에 발판이 되니 차근히
점검해보도록 하자.

질병

　신체 이미지는 호수의 표면처럼 안정적이다. 이따금씩 빗방울에 의해 표면이 꿈틀거릴 때도 있지만 대개 숲속처럼 잔잔하고 고요하다. 나이가 들면서 외모가 변해도 정작 머릿속에 그려지는 이미지가 크게 달라지지 않는 것처럼 말이다.

　그런데 외모 자존감이 급속도로 떨어지는 상황이 있다. 질환이 발생할 때가 대표적이다. 어떤 질병은 물수제비를 일으키는 돌멩이처럼 호수 표면을 산산조각 내버린다. '질병' 하면 대개 건강과 연관짓기 쉽다. 하지만 어떤 질병은 생명과 건강뿐 아니라 미적 기능도 같이 떨어뜨리고 일부는 외모에만 악영향을 준다.

비교적 선별적으로 외모만 위협하는 질병으로 피부병을 꼽을 수 있다(물론 가려움이나 건강상의 이상을 동반하는 피부질환도 적지 않다). 외모는 몸의 겉모습을 뜻하는데 탈모, 여드름을 비롯한 모든 피부질환은 몸의 표면에 발생한다는 공통점이 있다. 만약 이러한 돌발 변수가 발생하면 외모와 외모 자존감은 도미노처럼 무너지게 된다.

수많은 연구들이 피부질환자의 심리적 어려움에 대해 보고한 바 있다.[1] 한 연구에서는 30~60퍼센트의 피부질환자가 중대한 심리적 고충을 겪는다고 보고했는데, 이는 신체 이미지와도 밀접한 연관이 있다. 피부병으로 인한 스트레스는 상당 부분 낙인에서 기인한다. 건선, 백반증, 아토피 등 많은 피부질환이 전염성, 위생 결여 등의 고정관념과 연관된다. 당사자의 입장에서는 달라진 모습에 적응하는 것 외에도 낙인으로 인한 차별과 오해, 대인관계상 어려움이 동반되다 보니 절망감이 가중되는 것이다. 설상가상으로 일부 피부질환은 만성적이다. 그렇다 보니 눈에 띄는 효과가 없거나 재발하면 불안감에 민간요법 등 근거 없는 자료에 눈을 돌리게 된다.

피부질환과 민간요법의 관계는 유서가 깊다. 가령 고대 그리스의 철학자 아리스토텔레스는 탈모를 치료하기 위해 염소 오줌을 사용했고, 히포크라테스는 비둘기 똥을 발랐다. 이외에도 '피부병에는 어떤 음식, 약제가 좋다'는 기록들이 수두룩한데, 여기에는 '뭔가 좋은 약제를 바르면 피부병이 낫지 않을까'라는 안일한 생각이 내포되어 있다. 지금도 별반 다를 게 없다. 21세기지만 사람들은 여전히 아토피를 치료하기 위해 쑥물을 바르고, 탈모 때문에 적하수오 달인 물을 복용한다. 이러한 현상은 '암도 치료가 되는 세상인데 고작 피부병을 못 고치나'라는 생각처럼 피부질환의 경과를 제대로 이해하지 못하는 것과 관련이 깊다. 물론 당사자와 가족들은 지푸라기라도 잡는 심정이겠지만 민간요법은 도움이 안 되거나 오히려 증상을 악화시킬 우려가 있다. 이를 방지하기 위해서는 일정 수준의 지식이 필요하다. 얼핏 별거 아닌 것 같지만 정확한 정보를 획득하여 불확실성을 없애는 것은 장기적으로 외모와 외모 자존감 회복에 초석이 된다.

대학병원, 피부과학회
유튜브 활용하기

의대생 때 시간이 나면 틈틈이 의학도서관에 가곤 했다. 시험기간에 공부하러 간 적도 있지만 외모 때문에 들른 적도 종종 있었다. 도서관에서 탈모에 대한 책과 논문을 찾아보곤 했다. 처음엔 병태생리, 경과, 치료법 등 기본적인 정보만 살폈지만 졸업 무렵엔 신약 얘기가 한창 들리던 터라 최신 논문도 찾아보았다. 의학지식의 획득은 비록 그 당시에는 인식하지 못했으나 모종의 안정감을 주었고, 연쇄적으로 외모 자존감 회복에도 작게나마 기여했다.

심리치료 기법 중에 교육*education*이라는 요법이 있다. 말 그대로 의사가 질병에 대해서 가르쳐주는 것인데, 이를 통해 환자는 막연한 두려움과 불안함에서 벗어나게 된다. 마찬가지로 만약 외모 자존감이 낮은 이유가 질병으로 인한 외모 변화 때문이라면 그 질병에 대해 충분히 아는 게 도움이 된다. 외모를 위협하는 질환들은 유감스럽게도 종종 만성적인 경과를 밟는다. 질병에 대한 지식은 상황에 대한 통제감을 부여하고 가장 효과적인 방식으로 장기전을 준비할 수 있게 도와준다.

불운하게도 대한민국은 의료 환경상 궁금증을 말끔히 해소할 정도로 진료 시간이 넉넉하지 못하다. 또한 의사 입장에서는 환자의 아픔을 고려하여 조심스러울 수밖에 없다 보니 미처 전달하지 못한 정보가 있을 수 있다. 다행히도 최근 많은 대학병원과 학회에서 유튜브를 개설했다. 외모와 외모 자존감을 위협하는 대부분의 질환에 대해서 정확한 정보를 얻을 수 있으니 참조하면 도움이 될 것이다.

외모 스트레스는 남성보다 여성이 더 높은 편이다. 엄밀하게 말하자면 이성애자 남성보다 이성애자 여성이 외모에 대한 불만족감과 부담이 더 크다고 하는 게 타당할 것이다. 성적 지향*sexual orientation*이 성별에 따른 외모 불만족감을 뒤바꿀 수 있는 인자이기 때문이다.[2] 비록 이 장에서 다루지는 않겠지만 성 정체성*gender identity*도 신체 이미지에 있어 굉장히 중요한 요인이다.

이성애자 여성의 외모 자존감

이성애자 여성은 외모에 대해 정상적인 불만족*normative discontent* 상태에 빠져 있다.[3] 특히 싱글인 젊은 여성이 몸에 불만을 갖기 쉬운데 연애, 취업 등 외모의 중요성이 높은 상황에 당면해 있기 때문이다. 하지만 이성애자 여성의 외모에 대한 불만족감은 연령, 교육 수준, 직업 상태를 초월한다. 이상적 외모의 기준이 극히 까다롭기 때문인데, 핏스피레이션*fit+spiration* 열풍에서도 이를 유추할 수 있다. 바비인형으로 대변되는 날씬한 몸 열풍*thin+spiration*이 사그라들고 건강미가 떠오르고 있다. 그로 인해 남녀 모두 근육을 가꾸고 있는데, 핏스피레이션이라는 동일한 현상에서도 여성에게는 더 까다로운 기준이 주어진다. '어느 정도의 근육은 바람직하나 지나치면 안 된다'라는 이중구속이 부과되는 것이다.

대상화 이론*objectification theory*도 이성애자 여성의 취약한 외모 자존감을 설명해준다. 사회문화적으로 여성의 몸은 소비의 대상으로 여겨지곤 했다. 그로 인해 여성들은 몸에 수치심을 갖거나 외모에 집착하기 쉽다. 여성의 가치는 외모로 결정된다는 류의 메시지에 끊임없이 노출된 것도 좋지 않은 영향을 주었을 것이다. 가령 남성들이 '10분 더 공부하면 남편 직업이 바뀐다'라는 말을 들었다면, 여성들은 '10분 더 공부하

면 아내의 얼굴이 바뀐다'라는 얘기를 들었다. 이성애자 여성
으로 태어난 것 자체가 외모 불만족감의 위험인자인 것이다.

동성애자 여성의 외모 자존감

동성애자 여성의 성 파트너는 여성이다. 이론적으로는
외모에 대한 부담이 이성애자 여성보다 낮으며, 특히 체중에
대한 압박이 덜하다는 보고가 있다. 반대로 소수자로서의 낙
인감이 신체 만족감에 부정적인 영향을 준다는 얘기도 있다.
일부 연구에서는 이성애자 여성보다 몸에 대한 만족감이 높
다고 보고했지만, 아직까지 논란의 여지가 있어 보인다.

동성애자 남성의 외모 자존감

동성애자 남성이 이성애자 남성보다 외모에 대한 만족
감이 떨어진다는 연구가 있다.[4] 동성애자 남성은 근육질이나
날씬한 몸매에 대한 욕구 및 부담이 크고 특히 체중 증가에
대한 우려가 많다. 이는 성적 파트너가 남성이기 때문이다.
이성애자 여성들이 외모에 부담을 느끼는 이유 중 하나가 남
성에게 성적 매력을 어필하기 위해서인데, 동성애자 남성의
성 파트너도 남성이므로 외모에 대한 부담감은 이성애자 여
성과 유사할 거라 추정할 수 있다.

이성애자 남성의 외모 자존감

전통적으로 이성애자 남성은 이성애자 여성에 비해 외모에 대한 부담이 훨씬 덜했다. 이성애자 남성으로 태어난 것 자체를 외모 자존감의 방패로 봐도 무방할 정도였다. 하지만 이성애자 남성이라고 해서 외모 자존감이 안전한 것은 아니다. 최근에는 메이크업, 패션, 헤어스타일에 신경 쓰는 이성애자 남성들이 부쩍 늘어났고, 성형률도 증가 추세라고 보고된다.[5] 아무래도 과거에 비해 성평등 지수가 올라가고 여성들의 사회 진출이 늘어난 것과 관련이 있을 것이다. 여성 연상 부부의 비율이 늘어난 것도 무관하지 않다.

지금의 추세로 볼 때 앞으로 이성애자 남성에게도 외모에 대한 압력이 커질 거라는 전망이 우세하다. 또한 앞서 살펴본 이성애자 여성, 동성애자 남성과 동성애자 여성의 외모 부담이 줄어들 거라는 증거도 찾기 어렵다. 결국 외모에 대한 압박감은 성별, 성적 지향과 무관하게 점차적으로 증가할 거라고 추측할 수 있다.

사회 관계망 서비스
(SNS)

아침에 일어나 카카오톡 단체 대화방 공지를 살핀다. 등굣길 지하철에서 학과 친구의 인스타그램 사진을 본다. 강의실에서는 틈틈이 카톡을 주고받으며 동아리 사람들의 페이스북에 접속한다. 아르바이트를 하고 집에 돌아와서는 셀카를 찍고 프로필 사진을 바꾼다. 자기 전에 지인의 업데이트된 사진과 팔로우하는 인플루언서의 날씬한 몸매를 살핀다. 나와 달리 SNS 속 사람들은 다들 근사하고 행복해 보인다.

외모 열등감을 설명하는 이론 중에 사회적 비교이론*social*

*comparison theory*과 자기차이이론*self-discrepancy theory*이 있다.[3]
이론의 요지는 다른 사람, 특히 미디어에 등장하는 사람과 외모를 비교하는 게 외모 자존감에 좋지 않다는 것이다. 해당 이론에 의하면 외모 천재들을 자주 접할수록 외모 자존감은 떨어진다. 본인도 모르는 새 외모를 비교하면서 자신이 열등하다고 느낀다. 사실 이 정도는 아니었다. 불과 20년 전만 해도 비정상적으로 뛰어난 외모 천재들을 요즘처럼 '카페인(카카오톡, 페이스북, 인스타그램)'을 통해 매일같이 접할 수는 없었다. 기껏 해야 퇴근 후 TV를 보고 잡지나 홍보물을 보는 정도였다. 요즘 사람들의 낮은 외모 자존감은 어쩌면 IT 기술의 발달로 인한 후유증일지도 모른다. 실제로 숱한 연구들이 SNS가 외모 자존감에 좋지 않다는 결론을 보고했다.

SNS에서의 피드백은 아무래도 겉모습에 치중되는 경향이 있다. 사람들은 우호적인 반응을 얻기 위해 포토샵으로 외모를 과장한다. 문제는 실제보다 부풀려진 이미지들이 외모 자존감에 부정적일 수 있다는 점이다. 본인도 모르게 사진 속 누군가를 바라보는 관점을 자신에게 적용하게 되는데, 이는 몸의 주인에서 감시자로의 전환을 의미한다. 궁극적으로는 외모가 자신의 가치를 결정한다는 왜곡된 생각으로 이어져 몸에 수치심을 느낄 수 있다. SNS와 매스미디어에는 외모가 뛰어난 사람들의 빈도가 실제보다 월등히 높다.[6] 여신, 남신, 몸짱이라고 불리는 사람들이 수두룩하다 보니 이들이 '비정상적으로 외모가 뛰어난 극소수의 사람'이라는 사실을 망각하기 쉽다. 나도 모르게 부당한 비교를 하게 되고, 종국에는 외모에 대한 가혹한 잣대(극단적인 다이어트 등)로 이어질 우려가 있다.

프랑스의 정신과 의사 프랑수아 를로르는 행복의 첫 번째 비밀은 다른 사람과 나를 비교하지 않는 것이라고 말했다. 엄친아들과 외모를 비교하는 것은, 특히 SNS의 잦은 이용은 단연코 외모 자존감 회복을 위해 최우선적으로 정리해야 할 습관이다.

'카페인' 사용 시간
점검하기

SNS를 보며 비교하는 습관은 외모 자존감을 갉아먹는다. 반대로 카페인 이용 시간을 줄였더니 삶의 질이 개선되었다는 연구도 있었다.[7] 따라서 카페인 사용을 중단하는 건 외모 자존감 보호에 도움이 된다. 만약 카페인을 삭제하기 어렵다면 사용하는 어플의 수를 줄여보는 건 어떨까? 그게 아니라면 접속 시간을 통제하거나 특정 시간만이라도 사용하지 않는 것도 대안이다.

방법은 간단하지만 외모 심리학적으로 효과는 기대 이상일 수 있다. 마치 전염병이 돌 때 마스크를 쓰고 사람들과 거리를 두는 것처럼 카페인 줄이기는 외모 스트레스를 차단하는 효과적인 방역책이 될 수 있다.

외모 자존감은 시간에 따라 변화하는데 유독 취약해지는 시기가 있다. 생리학적으로는 신체적 변화가 큰 청소년기가 대표적이다. 심리학적으로는 외모의 중요성이 높아지는 시기를 꼽을 수 있다.

대학 신입생

수능시험을 끝마친 송유리 학생은 서울에 있는 대학에

합격했다. 설날에 친척들에게 칭찬을 듣고 대학 합격 기념으로 용돈도 듬뿍 받아 기분이 한껏 고양되었다. 오리엔테이션에 참가하기 전날 저녁 페이스북과 인스타그램에 S대학교 학생이라고 올려놓으니 마음이 뿌듯했다.

고양된 자존감은 그리 오래 가지 않았다. OT에 참석한 유리 학생은 이제껏 경험하지 못한 감정을 느꼈다. 외모 때문이었다. 외모가 출중한 여자 동기가 있었는데 사람들의 태도가 다르다는 걸 단번에 체감할 수 있었다. 예쁘긴 했다. 쌍꺼풀이 있는 큰 눈, 오똑한 콧대, 적당히 짙은 눈썹에 숱이 많은 긴 생머리는 어깨까지 흘러내렸다. 화장을 안 해도 뚜렷한 이목구비에 패션, 헤어스타일, 메이크업까지 완벽하여 '여신이다'라는 생각이 절로 들었다. 게다가 165센티미터 남짓한 큰 키에 핏이 좋은 청바지는 날씬한 체형을 한결 돋보이게 했다.

남자 선배들은 너나 할 것 없이 먼저 말을 건네고 연락처를 물어보면서 밥을 사주겠다고 했다. 기분 탓인지 모르겠지만 여신 동기를 대할 때는 목소리가 한결 나긋해지는 것 같았다. 그 광경을 보니 가슴 언저리가 쓰라리면서 묘한 열등감이 들었다. 자신이 들러리가 되었다는 생각에 표정은 어두워졌고, 대학생활의 낭만과 기대감은 반감되었다.

지방에서 학교를 다닌 유리 학생은 모범생 그 자체였다.

불과 며칠 전만 해도 딱히 외모에 불만이 없었는데 지금은 아니었다. 외모 자존감에 금이 가는 걸 분명히 느낄 수 있었다. 거울에 비친 자신의 모습이 마음에 들지 않았다. 코가 펑퍼짐하고 외꺼풀 눈은 인상이 사나워 보였다. 신경 쓰였다. 중학교 1학년 때 여드름이 나고 살이 찌면서 고민에 휩싸인 적은 있었지만 이 정도는 아니었다.

대한민국 고등학생은 학업 비중이 과도할 정도로 높다. 반면 대학생이 되면 공부에 사용하던 시간이 다른 곳으로 분산된다. 문제는 너무 급격하게 재배치가 이루어진다는 점이다. 특히 대인관계의 비중이 비약적으로 증가하면서 외모의 역할이 커지고, 그로 인해 학생들은 외모 자존감에 급격한 변화를 경험하게 된다.

이러한 현상을 감지한 일부 수험생들은 아예 대학 입학 전에 이른바 '수능 성형'을 받는다. 마찬가지로 이 점을 간파한 일부 성형외과에서는 할인 혜택을 제공하며 수험생들을 끌어들인다. 수험생들에겐 일석이조이다. 입학 전까지 시간 여유가 있으니 회복 기간도 충분하고, 무엇보다 대학 친구들에게 성형 사실을 숨길 수 있다. 대한민국 10대들이 욕구를 억누르고 공부하여 가장 중요한 시험을 끝마친 터라 부모들도 성형을 막을 명분이 마땅치 않다.

청소년기

인기 웹툰 〈외모지상주의〉에서 주인공 박형석은 키가 작고 뚱뚱하고 못생기고 안경을 착용한 외모가 열등한 남자 청소년이다. 그런 주인공은 어느 날 갑자기 키가 크고 잘생기고 탄탄한 체구를 갖게 된다. 적확히 말하자면 열등한 외모의 몸이 잠들면 우등한 외모의 몸이 깨어나는 이중생활을 하게 된다.

열등한 외모로 지낼 때 주인공은 어머니를 제외한 모두에게서 냉대를 받는다. 반면 뛰어난 외모가 되면 180도 달라진 대우를 받는다. 여학생들에게 선망의 대상이 되고 동성 친구들은 친절해진다. 소위 잘나가는 친구들도 주인공과 가까이 지내고 싶어 한다. 외모의 변화로 학창 시절 대인관계에서 누릴 수 있는 거의 모든 혜택을 얻은 셈이다. 깨어 있는 시간의 3분의 2를 학교에서 보내는 청소년기에 이보다 더 큰 장점은 그리 많지 않을 것이다. 개인적으로 이 만화가 인기를 누린 결정적인 이유는 누구나 한 번쯤은 해봤을 우월한 외모에 대한 공상을 생생하게 재현해냈기 때문이라고 생각한다.

　성형을 하려는 청소년들이 기대하는 바도 결코 이와 무관하지 않다. 기형에 가까운 외모를 재건하거나 우호적이지 못한 외모로 인한 불이익을 줄이려는 학생들도 있겠지만, 일부는 지금보다 더 예쁘고 잘생긴 외모를 기대하며 수술실로 들어간다. 엄밀히 말하자면 〈외모지상주의〉의 박형석처럼 외모의 변화를 통해 주변의 반응과 삶의 질이 단번에 개선되기를 기대한다. 청소년들에게 연예인은 단연코 선망의 대상이다. 그들은 하늘이 내린 매력 자본을 경제 자본으로 가장 성공적으로 변환한 사람들이고 심지어 일부 아이돌은 자신과 동년배이다. 성형 연령대가 낮아지는 것은 이와 무관하지 않다. 한창 몸에 변화가 많고 예민한 시기인데 외모지상주의의 확산으로 외모의 위력을 체감하는 시기가 빨라진 것이다.

성형을 결정하기 전에
점검해야 할 사항들

대부분의 사람이 알고 있듯 대한민국은 성형률이 높다. 2011년에는 국제미용성형수술협회 기준 성형률 1위에 등극한 적도 있다. 물론 자료의 신빙성을 감안해야 하지만 성형률이 높다는 건 부정하기 힘든 사실이다. 성형은 세계적으로도 증가하는 추세다. 영국미용성형외과의사회*BAAPS*는 2003년과 비교했을 때 2010년에 미용시술이 3배 증가했다고 보고한 바 있다.[3] 이처럼 미용시술이 증가한 데는 외모 심리학적으로 아래와 같은 원인들이 제기된다.

우선 '페이스펙'이라는 신조어처럼 외모의 영향력을 체감한 사람들이 늘어났다. 소비자 직접 마케팅과 단순 노출 효과도 있었을 것이다. 대한민국 성형외과의 3분의 1이 모여 있다는 강남에는 도

처에서 성형 광고를 찾을 수 있다.[8] 일부 매스미디어도 성형수술률 증가에 영향을 주었다. 여러 매체에서 자주 접하다 보니 성형에 대한 반발감, 거부감, 두려움이 줄었을 것이다. 마지막으로 과거에 비해 안전성이 제고된 것도 성형률 증가에 기여했을 것이다.

개인적으로 성형을 찬성하지도 반대하지도 않는다. 다만 외모 자존감이 취약한 시기에 충동적으로 결정하는 것은 바람직하지 않다고 생각한다. 성형수술도 수술이니 보다 신중하게 결정하기를 바란다. 아래의 네 가지는 성형을 결정하기 전 참조해야 할 사항들이다.

1

숙고 기간 갖기

프랑스에서는 미용수술 전 의무적으로 15일간의 숙고 시간*cooling off period*을 갖는다.[9] 호주 등 다른 나라에서도 세부적으로 다르지만 비슷한 의무 규정이 있다.[10] 성형을 하지 말라는 뜻이 아니다. 화장품을 구매하거나 머리카락을 자르듯 충동적으로 결정해서는 안 된다는 의미이다. 수술 결과가 불만인 사람들이 가장 후회하는 게 바로 '섣부른 결정'이기 때문이다. 한국소비자원에서도 충동적으로 계약하지 말 것을 권유했다.[11]

시술자의 경력 및 전문의 여부 확인하기

성형외과 혹은 피부과 간판이 걸린 병원 중 일부는 일반의나 다른 진료과 전문의가 운영하고 있다.[12] 뉴스에서 여러 번 보도가 되었지만 아직도 이 사실을 모르는 사람들이 더러 있다. 이 점을 우려해서 대한미용성형외과학회에서는 전문의 여부를 확인할 것을 권유한 바 있다.[13] 시술자가 전문의가 맞는지, 그리고 어느 진료과의 전문의인지는 병원 홈페이지를 통해서 간단히 확인할 수 있다. 만약 성형외과 전문의 혹은 피부과 전문의가 맞다면 이력을 숨길 이유가 없을 것이다. 전문의 여부는 간판을 통해서도 확인할 수 있다. '○○의원 진료과목: 성형외과', '○○클리닉 진료과목: 성형외과', '○○성형외과의원' 중에서 가장 후자만 성형외과 전문의가 운영하는 병원이다. 의료법상 성형외과 전문의가 개설하지 않은 의원은 '성형외과의원'이라고 명시할 수 없다. 다른 방법으로 성형코리아 홈페이지에 들어가서 확인할 수도 있다.

부작용 가능성 고려하기

미용실에서 머리를 자르고 스타일이 마음에 들지 않아 후회한 적
이 한 번쯤은 있을 것이다. 성형도 헤어스타일 관리처럼 외모 관리
에 속하는 행동이지만, 엄연히 수술이라는 점에서 둘은 큰 차이가
있다.

모든 미용치료는 어느 정도의 위험을 동반한다. 약물이든, 주사
든, 시술이든, 수술이든 미용의학적 개입에는 부작용 가능성이 내
재되어 있다. 그런데 성형을 받는 사람들 중 일부는 부작용이 발생
할 확률을 고려하지 않거나 근거 없이 가능성을 일축해버린다. 부
위와 종류에 따라 차이가 있겠지만 '성형수술을 하면 외모가 예뻐
지겠지, 예뻐지기만 하면…'이라고 낙관하기에는 생각보다 위험할
지도 모른다. 설령 수술 직후 거울 속 모습에 만족하더라도 몇 년
뒤에는 그렇지 못할 가능성도 배제할 수 없다.

충동적인 헤어스타일 변화는 최악의 경우에도 1~2주 정도 외
출할 때 신경 쓰이는 정도일 뿐, 시간이 지나면 백 퍼센트 원상 복
구된다. 하지만 성형은 원상 복구가 어렵거나 영구적 변형의 가능
성도 배제할 수 없다. 섣부른 성형은 단연코 외모 자존감을 위협하
는 요인이다.

성형외과 유튜브 확인하기

유튜브 크리에이터 중에 의사와 유튜버를 겸직하는 분들이 있다. 이들은 일반인이 알지 못하는 의료 관련 정보를 쉽게 풀어서 얘기해준다. 일부 성형외과 유튜버들은 부작용을 중점적으로 다룬다. 만약 성형을 고민 중이라면 시청해보는 것도 결정하는 데 참고가 될 것이다.

외모 대화

대한민국 사람들은 일상생활 어디서나 외모를 소재로 대화를 나눈다. 친한 친구들끼리, 직장 동료들 사이에서 혹은 직위가 높은 사람과 낮은 사람 간에 심지어 처음 만나는 사람들도 외모를 주제로 이야기를 한다. 첫 만남 등 어느 정도 거리가 있는 사람들 사이에서 외모 언급은 대개 상대방의 기분과 분위기를 좋게 만들기 위함이다. 덕담 식으로 오가는 "정말 미인이시네요" 혹은 "피부가 정말 좋으시네요" 등의 칭찬은 빈말이든 진심이든 들었을 때 당장은 기분이 좋다. 얼핏 생각하기에 외모 칭찬은 자존감을 높여주는, 사회적으로 건강한 대화로 여긴다.

하지만 외모 칭찬의 영향은 예상외로 복합적일지도 모른다. 젠더 심리학 전문가 러네이 엥겔른은 외모에 대한 어떠한 언급도 부정적인 영향을 줄 수 있다고 주장했다. 칭찬은 기본적으로 어떤 행위를 격려하고 강화한다. 이론적으로 외모 칭찬은 상대방이 외모에 대해 더 많이 신경 쓰고 관리하게끔 한다. 인사치례로 하는 말이지만 외모에 대한 언급은 '사람들이 나의 외모에 관심이 많구나', '이런 외모와 체형을 유지해야 칭찬을 듣는구나', '다른 사람들이 나의 얼굴과 몸을 지켜보고 있구나' 하는 생각을 심어줄 우려가 있다. 경우에 따라서는 외모를 유지해야 한다는 집착으로 이어질지도 모른다.

그러므로 비록 좋은 의도라도 외모 칭찬을 할 때는 여러 요인을 고려해서 보다 신중할 필요가 있다. 칭찬이 외모 자존감에 도움이 될지 여부를 결정하는 것은 관계의 깊이와 상황, 상대방의 성향 등 여러 가지를 고려해야 한다. 예컨대 오랫동안 관계를 유지한 연인이나 부부가 애정을 담아 건네는 외모 칭찬과 직장 동료의 외모 칭찬은 엇비슷한 내용이라도 외모 자존감에 주는 영향이 질적으로 다를 것이다.

미국 드라마 〈섹스 앤 더 시티〉에서 여자 주인공들은 종종 팻 토크를 한다. '허리에 살이 붙은 것 같다', '다이어트 약을 먹어야겠다' 등의 말로 외모에 불만을 표시한다. 한 연구에서는 96.9퍼센트의 여성들이 일주일에 한 번 이상 팻 토크에 참여한다는 결과를 보고하기도 했다.[14] 팻 토크 중 일부는 본인의 외모가 아름답다는 데에 확신을 달라는 이른바 '답정녀' 부류이다. 마치 백설공주의 왕비처럼 주변 사람들을 외모 자존감을 달래주는 거울로 활용하는 것이다. 이들의 불안감은 거울이나 반사 표면을 이용해 외모를 점검하는 횟수가 남들보다 높다는 점에도 반영된다.

누군가 한 사람이 팻 토크를 하면 주변 사람들은 은근히 부담을 느낀다. 스트레스가 전파되기 때문이다. 외모에 대해 얘기를 하면 그 자리의 다른 사람들도 외모를 의식할 수밖에 없다. 상대방을 위로해줘야 한다는 책임감과 외모 콤플렉스를 털어놓아야 한다는 압박을 받게 된다. 은연중에 발언자가 가진 외모에 대한 가혹한 잣대를 내재화할 위험도 있고, 만약 팻 토크를 하는 사람이 나보다 매력적이라면 열등감에 빠질 수도 있다. 공교롭게도 팻 토크가 외모 자존감을 갉아먹는다는 사실이 몇몇 연구에서 확인되었다.[15] 문제는 대부분의 사람이 팻 토크의 위험성을 인식하지 못한 채 외모 자존감을 갉아 먹히고 있다는 점이다.

외모에 대한 오지랖이
넓은 사람들

외모 칭찬이나 팻 토크와 달리 상대방의 외모를 직접적으로 지적하는 사람들도 있다. 외모 지적은 아래와 같이 크게 세 가지로 분류할 수 있다.

첫 번째 유형은 "돼지야", "난쟁이야", "오크야" 등의 놀림으로 주로 청소년들 사이에서 일어난다. 외모에 대한 생각과 내적 평가는 누구나 할 수 있다. 감정지능이 높은 사람이라면 생각과 말을 구분하지만, 아직 뇌가 성숙하지 못한 청소년들은 이를 제어하지 못하는 경우가 많다. 간혹 외모 자존감이 많이 낮은 사람들은 폄하 발언을 들었을 때 '상대방이 잘못한 거야'라기보다는 '내 외모가 부족하니까'라고 자책할 수 있다. 상대방의 잘못이 명백한 상황조차 자신의 탓으로 여기는 건 외모 자존감 치유에 방해가 된다. 외모 비하는 상대방의 잘못이니 그렇게 느끼지 않기를 바란다.

두 번째 유형은 "너는 피부 관리 좀 해야겠다", "살 좀 빼야겠다, 여자애가 그게 뭐니", "남자애가 왜 이렇게 비실비실해" 등의 비판이다. 청소년들 사이에서 외모 놀림이 빈번한 건 아직 성숙하지 못한 전두엽 때문이다. 이러한 무분별한 외모 놀림은 나이가 들면 대부분 사라지게 마련이다. 하지만 외모 비평만큼은 나이가 들어도 가족, 친척, 친구, 동료 등 여러 사람의 입에서 불쑥 튀어나온다.

세 번째 유형은 "너는 눈만 성형하면 정말 예쁠 것 같아", "코만 높이면 딱일 것 같은데" 등의 은근한 지적으로 성인들 사이에서도 자주 일어난다. 얼핏 선의의 조언처럼 들리고 발언자도 나쁜 의도가 아닐 가능성이 높다. 그럼에도 듣는 사람의 입장에서는 기분이 썩 안 좋을 수 있는데, 이는 발언자와의 관계 및 당사자의 성향에 달려 있다. 만약 외모에 대한 언급이 많이 불편하다면 다음 페이지에 나오는 방법을 고려해 보기 바란다. 외모 오지랖에 보다 효과적으로 대처할 수 있을 것이다.

외모 오지랖에 대처하는
5가지 방법

1

피하기

고소공포증이 있는 사람은 롤러코스터 타는 것을 두려워한다. 해결법에는 여러 가지가 있지만 가장 간단한 방법은 놀이기구를 타지 않는 것이다. 놀이기구를 타지 않아도 일상에 별다른 지장이 없기 때문이다. 마찬가지로 주변에 외모 자존감을 좀먹는 사람들이 있다면 일차적으로 거리두기를 고려해볼 수 있다.

흘려듣기

단절해도 괜찮은 사이가 있듯이 그렇지 못한 관계도 더러 있게 마련이다. 예컨대 학교에서 외모 놀림을 당한다고 전공을 바꿀 수 없고, 직장 상사가 외모 지적을 한다고 부서를 옮기거나 이직을 하는 건 현실적으로 불가능하다. 외모 지적을 듣는 상황을 바꿀 수 없다면, 적당히 흘려듣는 게 최선이다. 하나하나 신경 써서 듣다가는 그 누구라도 외모 자존감이 금세 바닥을 드러낼 것이다.

● 방법 1 상대방이 말할 때 어깨 너머로 벽, 그림, 창밖을 집중해서 쳐다보기
● 방법 2 속으로 1부터 100까지 숫자 세어보기, 구구단 외우기

상대방의 생각과 사실을 분리하기

외모 지적이 도돌이표처럼 반복되다 보면 나중에는 실제처럼 느껴질 수 있다. 그러나 누군가의 생각이 반드시 실체적 사실과 부합하는 것은 아니다. 다시 말해 상대방의 생각과 사실을 분리할 필요가 있다.

(예시)

"〇〇씨는 피부가 좋지 않네요."

→ "사실인지는 모르겠지만, 저 사람은 내 피부가 별로라고 생각하는구나."

4

충동 조절하기

외모 자존감이 낮을수록 외모 지적을 힘겨워한다. 외모 비판을 들으면 얼굴이 화끈거리고 가슴이 답답해진다. 이처럼 감정이 벌겋게 달아올랐을 때는 일단 진정하고 봐야 한다. 화가 난 마음을 견디지 못하고 반격하거나 분한 티를 내면 불이익을 당하는 건 오히려 자신이기 때문이다.

달아오른 감정을 식히기 위해서는 강렬한 방법이 필요하다. 신경생물학적으로는 교감신경을 자극하는 방법을 생각해볼 수 있다. 예컨대 찬물로 세수하여 얼굴 피부에 자극을 주면 혈관을 수축시켜 머릿속 열기를 중화하는 데 도움이 된다.

나를 위로하기

학교나 직장에서 외모 자존감에 상처 입고 집으로 돌아오는 길은 무척 서글프다. 아무리 방어 기술을 써도 주먹이 여러 번 날아왔거나 강편치를 맞았으면 체력이 바닥났을지도 모른다. 이런 날에는 '친구나 연인이 나를 위로해주면 좋겠다'라는 생각이 들 수 있다. 그런 사람이 있다면 다행이지만 만약 없다면 내가 나에게 위로를 해주면 된다. 예컨대, 평소와 달리 작은 선물을 사거나 영화를 보러 가는 등 붕괴된 멘탈을 소소하지만 확실한 행복(소확행)으로 보듬어주자.

나의 소확행 리스트	위로지수 (0~10점)
다이소나 시장에서 물건 구매(볼펜, 향수 등)	5
인형 뽑기	7
영화 보러 가기, 영화 다운받아 보기	4
노래방 가기	5
스케이트 타기	6

심리적
취약성

　동일한 외모 콤플렉스에도 어떤 사람들은 크게 개의치 않는 반면 굉장히 민감하게 반응하고 괴로워하는 사람도 있다. 예컨대 비만이라는 동일한 현상에도 무덤덤한 사람이 있는 반면 자괴감을 느끼는 사람도 있다. 예기치 못한 사고로 외모에 변형이 생겼을 때 비교적 빨리 적응하는 사람도 있지만 평생 상처로 남는 사람도 있다. 외모 기형(화상, 건선, 두경부암, 백반증, 두개안면 기형 등)을 지닌 사람들에 대한 연구에서도 중증도와 심리적 고충간의 상관성이 그리 강하지 않다고 보고했다.[16, 17, 18, 19, 20, 21] 외모 열등감이 외모로 결정되는 게 아니라 심리적 특성에도 적지 않은 영향을 받는다는 얘기다.

낮은 자존감과 우울한 기분

우울한 기분은 주변을 바라보는 관점을 부정적으로 물들인다. 우울하고 자존감이 낮으면 외모에 대한 만족감도 낮아진다. 극단적으로 외모가 동일한 두 사람이 있다고 가정했을 때 개인의 성향(비관주의, 낮은 자존감 등)에 따라 자신의 모습을 해석하는 방식은 180도 다를 수 있다. 외모가 동일해도 거울 속 자신의 모습에 눈살을 찌푸리는 사람과 다정한 눈길을 건네는 사람의 외모 자존감은 차이가 크다.

완벽주의

낙관적인 기질*dispositional optimism*을 가진 사람들은 외모에 대한 수용의 폭이 넓고 외모에 변화가 있어도 흔들림이 적다.[22] 반대로 자신에게 너무 엄격한 사람들이 있다. 얼핏 듣기에 자제력이 높고 심리적으로 건강한 사람의 전형처럼 들릴 수 있지만, 완벽주의적인 사람은 평가의 기준이 높아 외모에 불만을 느끼기 쉽다.

외모에 올인하는 사람

외모가 너무 중요한 사람들이 있다. 연예인이 아니더라도 모델, 패션 유튜버 등이 대표적이다. 이들은 외모라는 매력 자산이 중요하게 활용되는 직업 특성상 외모에 투자하는 비용과 시간이 월등하게 많을 수밖에 없다. 하지만 올인 전략은 반드시 위험성을 동반한다. 다른 영역을 포기하고 오로지 외모에 올인하는 사람은 특히 외모에 변수가 생겼을 때 위협감을 느끼기 쉽다.

외모 강박증

한센병처럼 기형이 뚜렷한 것도 아닌데 뇌가 얼굴을 거부하는 경우가 있다. 대표적인 예로 신체이형장애가 있다. 쉽게 말하자면 미모 염려증*beauty hypochondria* 혹은 외모에 대한 강박증이다. 미국정신의학회에서 출판한 《정신질환의 진단 및 통계 편람》(5판)에 의하면, 다른 사람들이 알아차리기 힘들 정도로 사소한 외모상의 결함(예컨대 이마의 작은 뾰루지 등)에 강박적으로 집착하고, 외모에 대한 걱정으로 반복적인 행동이나 정신적 행위(다른 사람과 비교하는 등)를 하는 게 핵심 진단 기준이다.

외모에 대한 어느 정도의 염려와 집착은 사람들 대부분

이 갖고 있다. 그렇다 보니 외모 강박증을 별거 아닌 걸로 여기거나 '나랑 주위 사람들 대부분이 해당되는 거 아냐'라고 생각할 수 있다. 그러나 단순히 외모 꾸미기를 좋아하는 사람과 달리 외모 강박증은 정도가 지나치다. 그들 중 절반은 외모 걱정에 하루 3시간 이상을 소비한다. 결점이 있다고 느끼는 부위를 수십 번씩 거울로 점검하고 화장으로 덧칠하고 모자를 눌러쓰고 남들에게 이상하게 보이진 않을까 고뇌한다. 알아차리기 어려울 정도로 작은 뾰루지 하나 가지고 자신이 괴물 같다고 인식해버리는 강박적인 뇌 때문이다. 이 잡듯이 온몸 구석구석을 수색하다 보면 결점이 없는 사람이 없는데, 감지하기 힘들 정도의 작은 결점을 파국적으로 받아들이다 보니 75퍼센트에서 우울증이 동반되고 3명 중 2명은 미용치료를 받으러 병원에 간다.[23]

그러나 외모 강박증의 가장 효과적인 치료는 외모가 아닌 마음을 향한다. 누구보다도 외모로 힘들어하는 그들의 고충은 시술이나 수술이 아닌 약물과 상담을 통해 경감할 수 있다. 문제는 외모 강박증을 앓는 사람들 대부분이 정신과가 아닌 성형외과나 피부과 혹은 치과 진료실을 찾는다는 점이다. 정신건강의학과에서 전문적으로 진료하는 유병률이 꽤 높은 질병임에도 치료가 시작조차 안 되는 난센스는 외모 강박증

치료의 가장 큰 난관으로 꼽힌다.

외모 강박증을 앓는 사람이 성형외과나 피부과 치료를 받으면 어떻게 될까. 원칙적으로 미용치료는 금기시한다. 증상이 가벼우면 미용치료로 호전되는 경우가 드물게 있지만, 중등도를 넘어서면 아무리 성형을 해도 효과를 보지 못한다. 설령 미용적 개입을 통해 결점이 없어져도 그들의 강박적이고 편향된 뇌는 변화를 부정하거나 결코 통과할 수 없는 외모 검진을 통해 또 다른 결점을 도돌이표처럼 발견해낸다. 성형 후회율이 월등하게 높다 보니 성형 중독에 빠지거나, 누가 봐도 수술 결과가 나쁘지 않은데 병원을 상대로 소송을 제기하거나, 거울 속 스스로를 깨부수기도 한다.

신체이형장애는 외모 심리학적으로 가장 유감스러운 상황이다. 그야말로 헤어날 수 없는 열등감의 미로에 갇힌 것과 다를 바 없다. 객관적인 모습보다 주관적인 만족감이 외모 자존감에 더 큰 영향을 주기 때문이다. 그럼에도 외모만 개선되면 모든 문제가 해결된다고 믿는 뇌로 인해 외모 강박증을 겪는 사람들은 여전히 열등감에서 벗어날 출구의 위치를 피부과나 성형외과로 오인하고 있다.

아직까지 정확한 원인은 파악되지 못했다. 다만 생김새에 대한 정보를 종합적으로 처리하지 못하고 특정 부위를 곡해하여 받아들이는 시지각 편향*biased visual perception*이 신경생물학적 원인으로 거론되고 있다. 심리적으로는 외모의 중요성에 대한 보이지 않는 압력과 외모로 놀림을 받았던 개인적 경험 등이 제기되고 있다.[24]

만약 성형을 했음에도 불구하고 외모 열등감의 미로에서 헤어나지 못했다면 출구의 위치를 착각했을 가능성에 대해서도 진지하게 고려해봐야 한다. 미로 탈출을 도와줄 아리아드네의 실타래는 피부나 얼굴이 아닌 마음과 뇌에 있을지도 모른다. 그리고 그 확률은 자신의 짐작보다 훨씬 더 높을 수 있다.

고정관념

　2017년 미국의학협회 피부과학저널*JAMA Dermatology*의 한 논문에서는 유명 영화 속 악당들의 외모를 분석했다.[25] 연구 결과 악당은 주인공에 비해 부정적으로 묘사되는 경향이 있었다. 영화 뿐만이 아니다. 드라마에서도 주인공들은 대부분 예쁘고 잘생겼다. 어릴 적 읽었던 동화나 만화 속 주인공들도 거진 외모가 뛰어나다. 외모만이 아니다. 대부분의 주인공은 다른 모든 면에서 우월한 존재다. 한 연구에서는 84퍼센트의 비디오물에서 매력적인 외모가 친절한 성격 등 긍정적인 특성과 연관된다고 보고한 바 있다. 이처럼 '주인공 = 매력적인 외모＝정의롭고 착한 사람'의 고정관념은 동서고금을 가리지 않는다. 콩쥐팥쥐와 신데렐라에서 그랬듯 21세기의 미디어물에서도 뛰어난 외모는 다른 바람직한 특성(성격, 능력, 도덕성)과 양의 상관관계에 놓여 있다.

못생긴 사람은 정반대이다. 대부분의 영화, 드라마, 소설에서 외모가 부정적으로 묘사된 사람은 악역을 맡는다. 다크나이트의 조커와 라이온킹의 스카를 비롯해 대다수의 악당들은 외모에 결함이 있다. 물론 모든 악역이 그런 건 아니다. 과거에 비해 잘생긴 악역이 증가 추세라는 견해도 있다. 하지만 여전히 '부정적인 외모＝나쁜 사람'이 주류를 이루고 있어 등장인물의 외모만 보고도 악당임을 어렵지 않게 짐작할 수 있다.

너무나도 당연한 사실이지만 영화와 드라마는 허구이다. 그곳에서 외모가 뛰어난 사람이 모든 방면에서 우월하다고 하여 실제로도 그런 것은 아니다. 마찬가지로 못생긴 외모는 그저 외모라는 한 가지 측면일 뿐이다. 설령 조커처럼 흉측한 외모를 지녔더라도 그것이 인격을 비롯한 다른 방면의 열등함을 의미하지는 않는다. 조커는 흉측한 외모와 포악한 인격이라는 독립적인 특성을 동시에 지닌 것이지 외모가 흉측해서 타락한 것이 아니기 때문이다. 마치 음식의 맛과 영양소의 관계처럼 둘 사이에는 연관성이 존재하지 않는다. 이처럼 외모라는 한 가지 측면으로 전체를 판단하는 건 간편하지만 부정확한 방법이다. 외모를 통해서 얻을 수 있는 정보(나이, 성별, 정서 등)도 분명 있지만 외모가 모든 걸 대변하기란 불가능하다.

'외모＝성공＝행복'이라는
잘못된 공식

과거 '렛미인*Let 美人*'이라는 방송이 화제를 모은 적이 있다. 누가 봐도 콤플렉스가 될 만한 외모를 성형을 통해 개선해주는 TV 프로그램이었다. 출연자들의 모습은 판이하게 달라졌고, 방송은 늘 수술 전후 급격한 외모 변화로 많은 게 달라졌다는 해피 엔딩으로 끝나곤 했다. 그러나 방송은 중단되었다. 성형외과의사회를 비롯한 여러 단체에서 문제를 제기했는데,[26] 실제 이러한 메이크오버 쇼*makeover show*는 외국에서도 많은 논란이 있었다. 외모 심리학적으로는 사람들이 성형을 쉽게 생각하고, '외모＝성공＝행복'이라는 사실과 다른 공식을 실제처럼 느껴지도록 조장한다는 우려가 있다. 메이크오버 쇼에서는 외모가 매력적이지 못한 사람이 불행하고 열등한 것처럼 묘사되지만 실제로는 그렇지 않다. 현실에서는 외모가 뛰어나지 못해도 잘사는 사람들이 있는 반면 외모는 뛰어나지만 불행한 사람들도 많기 때문이다.

　　많은 사람이 외모와 행복이 정비례하고 성형을 하면 삶이 달라질 거라는 환상을 갖는다. 실제로는 그렇지 않다. 성형만 하면 모든 게 해결되리라는 허황된 바람은 성형 후회율을 높이는 주범이니 현실적인 기대를 가져야 한다. 비록 외모 프리미엄을 부정할 수는 없지만, '외모＝성공＝행복'은 현실과 다른 공식이기 때문이다. 스스로가 해당 공식을 믿고 있지는 않은지 만약 그렇다면 단어 사이를 연결하는 등호가 올바른 부호인지 적합성에 의문을 제기해보기 바란다. 어쩌면 외모 열등감의 미로에서 헤어나는 단초가 될지도 모른다.

외모 등급제

　　외모는 대인관계의 시작점이다. 대인관계에서 외모의 위력은 일상생활 곳곳에서 나타난다. 모든 상황에서 유리한 건 아니지만 외모가 뛰어난 지원자가 가산점을 받고, 외모가 뛰어난 교수가 강의 평가에서 유리하고, 심지어 법정에서마저 외모가 뛰어난 범죄자가 낮은 형량을 받는다는 보고가 있다. 소위 외모 프리미엄은 외모가 뛰어나지 못한 사람들의 입장에선 달갑지 않은 현상이다. 이중 일부는 엄연히 차별에 속하지만, 일부 어드밴티지는 억울해도 인정할 수밖에 없다. 대표적으로 외모가 뛰어난 사람들은 연애 등 사적 관계에서 누리는 이점이 있다.

〈내 아이디는 강남미인〉에서 주인공 강미래는 현재 누가 봐도 예쁜 외모지만 그녀의 외모 자존감은 아직 회복되지 못했다. 얼굴 천재인 도경석에게 고백을 받고 '내가 이런 사람과 사귈 자격이 있는지', '도경석과 다니면 다른 사람들이 어떻게 생각할지' 자격을 의심한다.

주인공이 느끼는 자격지심은 마치 피라미드처럼 외모를 서열화하는 풍토와 관련이 깊다. 사회화 과정에서 외모라는 스펙에 민감해진 사람들은 암묵적으로 외모를 등급화한다. 피라미드 최상단에 위치한 연예인급 외모(남신, 여신)부터 존예와 존잘(매우 예쁘고, 매우 잘생긴 외모), 훈녀와 훈남(비교적 예쁘고, 잘생긴 평균 이상 외모), 흔남과 흔녀(주변에서 흔히 볼 수 있는 평범한 외모), 존못(못생긴 외모) 등으로 구분한다. 본인도 모르는 사이에 주인공은 어린 시절부터 암암리에 들어온 외모 등급제를 내면화하여 자신은 연예인급 외모를 지닌 도경석과 만날 자격이 없다고 자포자기한 것이다.

자신보다 외모가 뛰어난 사람을 좋아하는 사람들이 있다. 이들 중에는 강미래처럼 '나는 외모가 못생겼으니 외모가 뛰어난 사람과 만날 자격이 없어' 하고 자포자기하는 사람들이 있다. 사실은 거절에 대한 두려움과 주변의 시선이 무서워 마음을 표현하지도 못하고 단념한 것인데, 정작 연애를 못하는 이유를 외모 때문이라고 단정을 지어버린다.

물론 거절당할 수도 있다. 외모가 뛰어난 사람보다는 성공률이 낮을지도 모른다. 하지만 고백이 실패할 가능성은 외모와 관계없이 누구에게나 있다. 외모 때문에 거절당할 수 있지만 어쩌면 외모 때문에 위축되었던 게 원인일지도 모른다. 고백을 못하거나 거절한 진짜 이유를 재고해봐야 한다.

분명한 건 연애를 하는 데는 두 사람의 호감과 합의 외에는 다른 어떠한 요건도 필요하지 않다는 점이다. 외모에 결함이 있든, 키가 작든, 쌩얼에 자신이 없든, 뚱뚱하든 두 사람의 연애 감정에 걸림돌이 되지 않는다면 아무런 상관이 없다.

연인의 말을
믿지 못하는 습관
================================

연인 사이에는 사랑을 키우는 말이 오가게 마련인데 외모에 대한 칭찬도 마찬가지다. 외모 칭찬은 '외모를 감시한다는 느낌'을 전할 우려도 있지만 진심을 담아 건네는 말은 친밀감을 높이기도 한다. 그런데 외모 자존감이 낮은 사람은 상대방의 진심이 담긴 칭찬을 믿지 못한다. 예쁘고 귀엽고 잘생겼다고 말해줘도 의심부터 한다. 도리어 연인이 '외모 때문에 나를 싫어하지 않을까' 하는 괴로운 상상에 빠진다. 그들 중 일부는 연인에게 매력적으로 보이기 위해 누가 봐도 무리한 외모 관리를 한다. 좋은 의도로 시작된 행동이지만 문제는 그 과정에서 처음 연인이 반했던 모습은 안개처럼 희미해진다는 점이다.

그들은 자신이 가진 외모 외의 장점들을 인식하지 못한다. '외모＝나'라는 생각에 갇혀 외모에만 신경 쓰다가 연인이 높이 평가한 장점을 잃어버린다. 연인보다 다른 사람의 말과 시선을 더 신경 쓰는 사이 하트 시그널은 부정적인 기운으로 오염이 돼버린다. 그렇게 사이가 멀어지다 마침내 이별하고 나면 헤어진 이유를 외모 때문이라고 착각한다. 헤어진 연인이 나보다 외모가 뛰어난 사람과 교제라도 하면 착각은 강화되고 외모 자존감은 헤어날 수 없는 늪에 빠진다.

강미래는 도경석과 연인이 되고 외모 열등감도 극복해낸다. 도경석이 강미래의 외모에 개의치 않고 일관된 태도를 보여주었기 때문이다. 강미래의 가슴에 피멍으로 남아 있던 중학교 시절 사진을 보여줘도 도경석은 미동도 하지 않는다.

그 순간 강미래의 외모 열등감은 두 줄기의 눈물로 정화된다. '나는 외모와 관계없이 너를 사랑하고 존중해'라는 도경석의 일관된 메시지가 성벽처럼 둘러진 방어막을 뚫고 가슴속으로 전달된 것이다.

도경석의 행동은 누가 봐도 낭만적이나 현실성이 높아 보이진 않는다. 도경석 같이 외모 자존감을 높여주는 연인이 있다면 더할 나위 없이 좋겠지만 연인과는 이별을 할 수도 있고, 보통의 사람이라면 지쳐서 나가떨어질지도 모른다. 외모 자존감이 낮은 게 절대로 당사자의 잘못은 아니다. 부끄러움을 느낄 필요도 전혀 없다. 하지만 낮은 자존감으로 인한 부정적 에너지는 연인이 감내하기에는 다소 버거울 수 있다.

건강한 연인 관계는 에너지를 주고받는 것에서 시작한다. 외모 자존감이 낮으면 다른 사람의 시선과 말을 신경 쓰느라 주의력이 분산되어 연인에게 집중하지 못한다. 칭찬을 들어도 인사치레라 절하하고, 외모에 대한 불길한 상상에 몰입되어 긍정적인 기운을 전달하지 못한다. 유감스럽게도 과거는 바꿀 수 없다. 그리고 도경석 같은 사람은 현실에서 만나기가 쉽지 않다. 따라서 황폐화된 외모 자존감은 내가 가꿔야 한다. 내 외모 자존감은 내가 책임진다는 주체적인 마인드를 가져야 한다.

성형과 외모 등급제

강미래는 성형을 통해 미인이 되었다. 그런데 그녀는 중학교 동창인 도경석에게 성형 전 모습을 비밀로 해달라고 하면서 전전긍긍한다. 실제 강미래처럼 성형수술을 받은 사람들은 가급적 성형 사실을 숨기고 싶어 한다. 성형률이 높아지면서 이전보다는 덜하지만 여전히 성형미인을 평가절하하는 시선 때문이다.

자연미인인 현수아는 강미래의 성형 사실을 은근히 들춰내고 싶어 하는데, 여기에는 자연미인의 위기의식이 내포되어 있다. 경제학적으로 성형수술은 타고난 외모의 희소성을 낮추어 외모 등급제를 무너뜨린다. 자연미인들은 당연히 성형이 달갑지 않을 것이고 모종의 반칙처럼 느낄지도 모른다. 현수아처럼 외모 자존감이 낮을수록 위협감과 불안감은 클 것이다.

성형 사실을 쉬쉬한 과거와 달리 요즘에는 거침없이 밝히는 사람들이 늘어났다. 예전보다는 분명 덜하지만 여전히 '성형 사실이 알려지면 어쩌나' 걱정하는 사람들이 적잖다. '쟤 코 성형한 거래', '쟤는 딱 봐도 성형이네' 등 주변의 수군거림에 위축되었을지도 모른다.

크게 신경 쓸 필요는 없다고 생각한다. 성형수술은 신중하게 결정해야 하지만 이미 성형을 했고 결과에 만족한다면 성형을 평가절하하는 말에 위축되거나 부끄러워할 이유는 전혀 없다. 성형은 도핑 약물인 스테로이드처럼 효과가 크지만 수험생이 먹는 청심환처럼 합법적으로 인정되기 때문이다. 애초에 자연미인의 눈코입도 복권처럼 우연히 획득한 것인데, 사회에서 합법적으로 인정한 방법으로 이를 갖추려는 시도를 비난하는 것은 적절치 않다. 성형미인 외에도 강남미인, 성형괴물, 인조인간 등은 성형한 사람들을 무시하려는 의도가 다분한 표현들인데 한 귀로 흘려들어도 괜찮다고 생각한다.

외모가 뛰어난 사람에게
열등감을 느낀다면

1

외모 프리미엄 인정하기

외모 프리미엄은 외모가 뛰어나지 못한 사람들 입장에선 분명 억울한 일이다. 자신이 어떻게 할 수 없는 무언가로 인한 불이익과 차별은 사람을 무기력하게 한다. 그렇게 외모에 대한 만족도가 떨어지면 그 안에 살고 있는 사람에 대해서도 좋은 느낌을 갖기 어렵다. 키가 작은 사람은 큰 사람에게, 얼굴이 못생긴 사람은 잘생기고 예쁜 사람들이 누리는 혜택을 보다 보면 심통이 날 때도 있을 것이다. 그런 과정이 반복되다 보면 아무 잘못 없는 친구에게 화가 나고 열등감을 느끼는 자신이 부끄럽고 한심하게 느껴질지도 모른다. 하지만 이러한 감정은 자연스러운 것이다. 질투심과 열등감은 잘못되거나 미성숙한 게 아니라 인간이라면 누구나 느끼는 당연한 감정이다. 반면 외모 프리미엄이라는 삶의 어쩔 수 없는 불공평함과 그에 뒤따르는 감정을 인정하고 받아들이는 것은 굉장히 어렵고 성숙한 사람들만이 할 수 있는 일이다.

2

외모가 뛰어난 사람이 드물다는 사실 인식하기

내가 열등감을 느낀 누군가는 보기 드문 외모를 지닌 사람이라는 사실을 인식해야 한다. 대부분의 사람들은 그 사람보다 외모가 뛰어나지 못할 것이다.

(예시)

"지훈이는 키도 크고 피부도 좋고 얼굴이 잘생기긴 했어. 열등감이 드는 건 사실이야. 하지만 저 정도 외모는 학과에서도 손꼽히는 정도야. 동기들 대부분이 외모로는 지훈이에게 안 돼. 그러니 지훈이보다 못하다고 해서 기분 나빠 할 필요는 없어. 다른 사람들도 마찬가지니까."

장점 기억하기

외모 자존감이 낮을수록 자신의 외모에서는 단점을, 상대방의 외
모에서는 장점을 찾는 경향이 있다. 하지만 대부분의 사람은 장점
과 단점을 함께 갖고 있다. 그 점을 잊지 말아야 한다.

(예시)

"지훈이는 나보다 키가 크고 피부도 좋고 잘생기긴 했어."

→ "지훈이는 나보다 키가 크고 얼굴 피부도 좋고 눈썹도 짙어. 하지만 근육
은 내가 더 많아."

'외모=전체'라는 가정에서 벗어나기

외모 자존감이 낮은 사람들 중 일부는 외모의 중요성을 지나치게
높이 평가한다. 하지만 외모는 사람의 일부일 뿐이다. 외모가 뛰어
나지 않다는 것이 열등함을 의미하지는 않는다. 외모 프리미엄을
부정하기는 어렵지만 그렇다고 그게 전부일 수는 없다.

Chapter 4

외모 콤플렉스를
느끼는 사람들

개인적으로 외모 콤플렉스는 모든 사람이 가졌을
것으로 추정한다. 경우의 수가 워낙 많고 객관적이기도
하지만 주관적 해석이 더 큰 영향을 끼치기 때문이다.
외모지상주의로 인해 여느 때보다도 엄격해진 미의 기준과
대중 매체의 영향도 있을 것이다.
4장에서는 유병률이 높은 콤플렉스 몇 가지를 외모
심리학적으로 접근했다. 몇몇은 다소 낯설겠지만 대부분은
주변에서 겪었을 법한 흔한 고민거리다.

사례에 등장하는 외모 콤플렉스는 대부분 어렵지 않게 납득 가능할 것이다. 그러나 일부는 '이게 왜 콤플렉스지?'라고 생각할 수 있다. 원인은 콤플렉스가 가진 고유한 특성에 있다. 당사자가 겪는 고충은 콤플렉스 본연의 특성(부위, 호발 연령, 유병률, 경과 및 해결법 등)과 밀접하게 연관되는데, 일부는 많은 사람이 갖고 있을 정도로 보편적이거나 심지어 잘 어울리기도 하여 콤플렉스일 거라 짐작하기가 어렵다. 반대로 콤플렉스의 특성을 파악한다면 심리적 어려움은 어렵지 않게 이해될 것이다.

두 가지
피부색

누가 봐도 눈에 띄는 기형적 외모를 가진 사람들이 있다. 피부색의 소실을 일으키는 백반증도 그중 하나이다. 백반증은 경계가 뚜렷하고 형태가 다양한 하얀 반점이 피부 곳곳에 나타나는 탈색소 질환으로 어느 부위에나 발생 가능하다. 특히 얼굴과 목, 손과 팔에서 시작되는 경우가 흔하다. 의학적으로 치료가 가능하지만 재발하거나 난치성으로 진행하기도 한다. 세계적인 모델 위니 할로우는 후자였다. 4살 때 발병한 백반증으로 학창 시절 별명이 '얼룩말' 혹은 '젖소'였던 할로우의 외모 자존감은 언론에 밝힌 자퇴 이력에서 어렵지 않게 유추할 수 있다.[1] 실제 백반증 당사자들은 대인관계에 어려움을 겪고 우울감에 취약하다는 연구가 있다.[2]

운명의 전환점이 된 건 SNS였다. 외부의 반응에 개의치 않고 인스타그램에 올린 사진이 세계적인 모델 타이라 뱅크스의 눈에 띄었고, 안목이 남달랐던 그녀는 백반증을 누구도 갖추지 못한 진귀한 개성으로 삼도록 조언했다. 타이라 뱅크스의 권유대로 할로우는 몇 달 뒤 미국의 모델 오디션 프로그램인 'America's next top model'에 나섰고, 이 무대를 통해 일약 스타덤에 올랐다.

할로우의 백반증은 팔다리와 몸통 여러 군데를 침범했다. 가장 민감한 부위인 안면부도 예외가 아니었다. 또한 기존 피부색이 짙은 편이라 객관적으로도 눈에 띄는 편이었다. 언론에 의하면 발병 연령은 4살이었고, 학동기 때 놀림을 당해 우울감, 대인기피증에 시달렸다. 유병률이 낮다는 점에서 고립감도 만만찮았을 것이다.

외모 심리학적으로 주목할 만한 건 대처 방식이다. 백반증 당사자들은 화장이나 긴 소매옷으로 병변을 가리는 경우가 많은데, 할로우는 정반대였다. 인스타 사진의 표정과 옷차림, 포즈를 보면 자신감과 당당함이 전해진다. 언론에 밝힌

대로 자신의 몸을 수용하는 걸 넘어 자부심이 느껴진다. 콤플렉스에 위축되지 않는 건 대개 양호한 외모 자존감을 시사하는데, 아마도 직업이 결정적인 영향을 주었을 것이다.

패션 모델 특성상 외모가 중요하지만 21세기에는 기준이 다양하다. 보통의 직업군과 달리 백반증으로 인한 표징은 단점이 아닌 개성에 가까웠다. '두 가지 피부색'이라는 독특한 표징이 패션계의 공시적 배경과 절묘한 조화를 이루면서 장점으로 전환됐다. 모든 사람이 치명적 결점으로만 치부한 백반증의 이면을 파악하고 매력으로 승화시킨 통찰력과 획일화된 미의 기준에서 벗어나려던 시대적 맥락이 외모 열등감을 180도 반전시켰다.

외모 자존감은 다른 사람의 눈에 담기는 객관적인 모습이 아닌 내가 나를 바라보는 관점에 달려 있다. 외모의 기형은 외모 자존감을 떨어뜨리나 외모에 기형이 있다고 해서 반드시 외모 자존감이 낮은 것은 아니다. 백반증은 여전히 그녀의 피부에서 사라지지 않았지만 학창 시절 외모 열등감은 전혀 감지되지 않는다. 자신의 외모에서 모종의 가치를 발견하며 열등감이 자존감으로 바뀌었기 때문이다. 만약 백반증이 발병하지 않았거나 치료가 되었더라면 그녀는 보다 평범한 학창 시절을 보냈을 것이다. 하지만 단언컨대 세계에서

단 하나뿐인 모델은 되지 못했을 것이다. 두 가지 피부색으로 눈에 띄었던 나머지 따돌림을 당했지만 피부색이 두 가지여서 수백만의 눈길을 끌어들이는 인플루언서가 된 것이다.

곱슬머리

25살 수현 씨는 대학 졸업반이다. 평균을 상회하는 176센티미터의 키에 약간 마른 체형, 안경을 쓰지 않은 선한 눈매를 지닌 동안이다. 전반적으로는 귀엽다는 느낌을 주는 인상이다. 유순한 성격에 유머 감각까지 갖춘 터라 어린 시절부터 늘 인기가 많았고, 캠퍼스 커플인 여자친구와 함께 졸업을 앞두고 있다. 남부러울 것 없이 평탄한 삶을 살아온 것 같지만 수현 씨에게도 한 가지 콤플렉스가 있었다. 뜻밖에도 외모 콤플렉스였는데, 바로 곱슬머리였다.

시작은 중학교 1학년 무렵이었다. 초등학교 6학년 때부터 꼬불거리기 시작한 머리카락은 중학교에 진학하자 덤불처럼 엉클어졌다. 친가로부터 물려받은 곱슬머리 유전자로 인해 두발 규제 때 지적받는 일도 몇 번 있었고, 언제부턴가 친구들에게 '브로콜리' 혹은 '마이클'이라는 별명으로 불렸다. 자꾸만 머리카락을 만지는 수현 씨에게 부모님은 괜찮다고 하나도 이상하지 않으니 걱정하지 말라고 다독여주었지만, 남들과 다른 헤어스타일이 늘 불만이었다. 내성적인 성격 탓에 남들 눈에 띄는 곱슬머리가 싫어 외출 시에는 항상 야구모자를 눌러썼다.

미용실에 가는 것도 스트레스였다. 그의 곱슬은 난치성이었다. 직모를 원했던 수현 씨는 수차례 고데기와 매직을 했지만 머리카락은 마치 용수철처럼 곱슬 상태로 되돌아왔다. 여름철에는 머리에 습기가 차 관리하는 데 적잖은 불편함을 겪기도 했다.

콤플렉스가 더 이상 콤플렉스가 아니게 된 건 여자친구 지윤 씨를 만나면서였다. 수현 씨가 10년 넘게 고민해온 곱슬머리를 장점으로 봐준 여자친구로 인해 그의 오랜 고민은 더 이상 고민이 아니게 되었다.

외모 심리학적으로 수현 씨의 곱슬머리 콤플렉스는 주

관적이다. 그의 곱슬은 잘 어울렸다. 주변 사람들이 전혀 예상하지 못했을 정도로 외모는 준수했다. '브로콜리'라고 불렀던 학창 시절 친구들도 외모가 이상해서가 아닌 단지 귀여운 개성 정도로만 느꼈다. 외모는 몸의 미적인 측면인데, 역설적이게도 수현 씨의 외모 콤플렉스는 주변 사람들 대부분이 알아차리지 못했던 것이다. 콤플렉스가 된 건 대다수가 직모인 한국인 헤어스타일 특성상 눈에 쉽게 띄었던 게 크다. 주변 사람들이 별생각 없이 했던 외모에 대한 언급이 '사람들은 나의 헤어스타일을 지켜보고 있구나', '나는 남들과 다르구나'라는 메시지로 전달되면서 내성적인 수현 씨는 불편감을 느꼈다. 곱슬머리가 발생한 시기가 청소년기였다는 것도 영향을 주었다. 남들과 다르다는 것에 예민하게 반응하는 발달적 시기이기 때문이다. 모든 대인관계는 상대방의 얼굴을 바라보는 것에서 출발한다. 안면부는 외모에서 가장 민감할 수밖에 없는 부위이고, 헤어스타일은 얼굴의 인상을 가장 크게 좌우하는 변수이다. 별거 아닌 듯한 곱슬머리가 10년간의 외모 콤플렉스였던 건 이와 밀접한 연관이 있다.

수현 씨가 콤플렉스에서 벗어날 수 있었던 건 앞서 언급한 대로 여자친구의 영향이 크다. 단점이라고 생각했던 곱슬머리가 장점이라는 걸 여자친구가 확언해주어서 수현 씨는 콤플렉스에서 벗어날 수 있었다. 다른 사람이 아닌 여자친구의 말이어서 가능했는데, 실제로 파트너의 말이 외모 자존감에 주는 영향이 크다는 사실이 보고되었다.[3] 자신에게 의미 있는 사람이 콤플렉스를 대수롭지 않게 여기거나 장점으로 봐주는 것만큼 외모 자존감에 유익한 일은 많지 않을 것이다.

청춘의
심볼

　28살 태희 씨 얼굴에 처음 여드름이 난 건 중학교 1학년 때였다. 이마에 솟아난 붉은 반점은 금세 관자놀이와 뺨으로 번졌다. 신경 쓰였다. 거울을 들여다보는 시간이 늘었고 앞머리로 여드름을 가리기 시작했다. 주변 친구들의 매끈한 피부를 보거나 거울을 볼 때면 부럽고 속상했다. 여드름에 좋다는 천연 비누로 꼬박꼬박 세수를 했지만 호전은 없었다. 병원에 가고 싶었으나 부모님은 대수롭지 않게 여겼고 가정 형편도 여의치 않았다. 지켜볼 수밖에 없었다. 세안 외에 특별한 조치 없이 지켜본 얼굴의 불그스름한 흔적은 수능시험을 치고 나서도 사라지지 않았다.

피부과에 간 건 대학 졸업반 때였다. 주변 사람들과 달리 태희 씨의 여드름은 줄어들 기미가 보이지 않았다. 턱과 입 주변에도 여드름이 올라오자 더 이상 미룰 수 없었고 병원에 가서 약을 처방받았다. 호전되는 듯 보였으나 이내 재발했다. 나중에는 레이저와 스케일링까지 받았지만 붉은 좁쌀은 오돌토돌 다시 솟아났다.

취업을 하고도 여드름은 여전했다. 거울을 볼 때면 '저주받은 피부'라는 생각이 들면서 우울해졌다. 생리 전과 야근한 다음날 벌겋게 뒤집힌 피부를 볼 때면 거울을 던지고 싶은 충동마저 들었다. 화장품으로 떡칠하여 커버해보았지만 패인 흉터는 가려지지 않았다. 피부에 자신이 없다 보니 집 앞 편의점을 갈 때도 화장을 했다.

야근 다음날 태희 씨는 꿈을 꿨다. 꿈에서 거울에 비친 그녀는 매끈하고 잡티 없는 깨끗한 피부였다. 도자기처럼 매끈한 얼굴을 보며 태희 씨는 환한 웃음을 지었다. 기쁨은 그리 오래 가지 않았다. 거울 속 도자기 같은 피부는 꿈이었고, 그녀는 깊은 한숨을 내쉬었다. 인생의 절반을 여드름과 함께 했는데 이제는 지긋지긋했다.

외모 심리학적으로 잡티 없이 매끈한 피부는 지적이고 건강한 느낌을 주는 반면 여드름 피부는 내성적이고 수줍음이 많은 인상을 자아낸다. 얼굴을 뒤덮을 정도로 심한 여드름은 물론 그렇게 심하지 않은 여드름도 당사자에겐 콤플렉스가 될 수 있다. 일반적으로 여드름이 있는 사람들의 우울 지수가 높은 편이나 여드름의 중증도와 우울감이 정비례하지 않는다는 사실이 보고되었다.[4]

우울증이 '마음의 감기'라면 여드름의 별명은 '청춘의 심볼'이다. 사춘기 호르몬 불균형으로 발생한 여드름은 숱한 중고등학생의 고민거리인데 성인이 되면 없어진다는 이유로 대수롭지 않게 여긴다. 고충을 호소하면 '한창 외모에 민감한 나이니까' 하고 넘기는 경우가 다반사다. 개인적으로도 중학교 때 "여드름은 청춘의 심볼이다"라는 뉘앙스의 얘기를 수업 시간에 들은 적이 있다. 그러나 최근에는 성인의 여드름이 증가했다. 정확하게 파악되지는 않았지만 서구화된 식습관, 환경호르몬 등이 원인으로 제기되고 있다.

태희 씨의 여드름은 난치성이었다. 어른이 되면 없어질 거라는 말은 태희 씨에게는 해당되지 않았다. 민감한 부위인 안면부에 발생한 데다가 스트레스를 받으면 심해지다 보니 우울감마저 느꼈다. 편의점에 갈 때조차 화장할 정도로 고충이 컸다. 한창 외모의 중요성이 높은 시기의 이성애자 여성이라는 점이 크게 작용했다.

일시적인 우울감이 아닌 우울증을 마음의 감기로 여기는 건 위험성이 다분한 생각이다. 심리 전문가 중에서 이를 경계하는 사람들이 적지 않다. 마찬가지다. 청춘의 심볼이라는 여드름의 별명 또한 외모지상주의에 맞춰 수정되어야 할지도 모른다. 외모의 가중치가 높은 21세기의 여드름은 20세기의 여드름보다 까다로울 수밖에 없다. 단순히 청춘의 심볼로 보기에 여드름은 생각보다 위험한 피부질환일 수 있다.

여드름 콤플렉스에
대처하는 법

1

전문가에게 진료받기

여드름이 발생했을 때 주변의 입김에 휩쓸려 민간요법 등 검증되지 않은 치료를 받는 사람들이 더러 있다. 워낙 유병률이 높다 보니 인터넷에는 충분히 검증되지 않은 정보들이 산재해 있다. 하지만 여드름 치료에서 가장 주가 되어야 하는 건 피부과 전문의에게 진료를 받는 것이다. 너무나도 당연하지만 많은 사람이 간과하는 게 바로 이 첫 단계이다.

음식 조절

음식과 여드름의 관계에 대해서는 어느 정도 논란의 여지가 있다. 고혈당지수 식품(도넛, 쌀밥, 밀가루 음식 등)은 여드름에 좋지 않다고 알려져 있다. 반대로 혈당지수가 낮은 음식(채소, 견과류, 해조류)이 여드름 관리에 도움이 될 수 있다는 미국피부과학회 가이드라인이 있다.[5]

스트레스 관리

부족한 수면과 스트레스는 몸에서 부신피질호르몬과 카테콜아민의 수치를 높인다. 이러한 스트레스 물질은 염증 반응을 유발해 피부질환(건선, 아토피, 두드러기, 여드름 등)을 악화시킨다. 실제로 시험기간 스트레스가 여드름을 악화시켰다는 연구가 학술지에 보고된 바 있다.[6]

정확한 지식

여드름은 만성 질환이다. 증상이 호전되기까지 적지 않은 시간이 필요하므로 여드름의 성향을 잘 파악하는 게 여러모로 도움이 된다. 여드름의 치료 수단과 효능, 의문점(여드름을 짜도 되는지, 흉터, 세안법, 선크림과 화장품, 사우나나 땀 흘리는 운동, 음주 등)에 대해서 정확한 지식을 갖는 것만으로도 관리하는 데 한결 자신감이 생긴다.

상대적인
스트레스

올해 대학원에 입학하는 성환 씨는 어릴 때부터 지금까지 단 한 번도 남들보다 키가 컸던 적이 없었다. 초중고 12년 내내 반에서 키가 가장 작았다. 운동회나 조례시간, 체육시간이면 항상 맨 앞에 서야 했고, 키 순으로 자리를 정할 때도 첫째 줄 가장 왼쪽 좌석을 벗어난 적이 없었다.

중학교 2학년 때 성환 씨의 키는 151센티미터였다. 1학년 때에 비해 7센티미터가 자랐지만 여전히 반에서 가장 작았다. 그 무렵 겨드랑이에 털이 났는데 '겨드랑이에 털이 나면 키가 안 큰다'는 얘기가 한창 들리던 터라 마음이 심란했다.

특별히 키를 신경 쓰지 않던 부모님은 그제야 성장판을 자극하기 위해 농구교실에 보내고 영양제를 사서 먹였지만 중3 때 키는 156센티미터였다. 성장호르몬 분비를 촉진하기 위해 밤 10시 이전에 자라는 방송을 보고 9시면 항상 잠자리에 들고, 아침이면 깍지 낀 팔을 위아래로 쭉쭉 뻗어 스트레칭도 해봤지만 키는 도통 자라지 않았다.

남중을 다니던 성환 씨는 남녀공학 고등학교에 진학했다. 여학생들 중 절반은 성환 씨보다 키가 작았으나 나머지 반절은 키가 더 컸다. 스트레스였다. 고등학교에 진학하면서 키 높이 운동화를 신었는데 그렇다고 키 스트레스가 줄어드는 건 아니었다. 도리어 2살 아래 남동생의 키가 성환 씨를 추월한 시점이어서 묘하게 신경이 거슬렸다. 놀림도 여전했다. 키가 170센티미터 대인 친구들에게 호빗이라고 불렸고, 그때마다 가슴속이 부글부글 끓어올랐다. 초등학교 6학년 때 막연하게 '어른이 되면 키가 182센티미터는 되겠지'라고 생각한 적이 있었다. 더 이상은 아니었다. 더도 말고 '170센티미터만 넘었으면' 했지만 군 신검 때 키는 162센티미터였다. 최종 키는 추후 1센티미터가 더 자라 163센티미터가 되었다.

대학교에 와서도 키 스트레스는 그림자처럼 따라다녔다. 오리엔테이션 첫날, 늘 그랬듯이 학과 남학생 20명 중 자신이 가장 작았다. 키가 170센티미터에 못 미치는 남학생들도 서너 명 보였지만 가장 작은 건 자신이었다. 중고등학생 때처럼 170센티미터는 바라지도 않았다. 165센티미터 정도만이라도 되어 가장 작은 키에서 벗어나는 게 소원이었다.

근래에는 키 크는 수술에 대해서 알아보기도 했다. 수술한 사람들의 인터뷰와 과거에 비해 안전성이 높아졌다는 얘기도 있었다. 만약 수술을 해서 5센티미터가 더 크면 168센티미터가 되니 키 스트레스는 사라질 것 같았다. 하지만 수천만 원에 달하는 비용, 수술 후 재활 기간, 무엇보다도 운동 능력 저하 가능성 때문에 자신이 없어졌다.

달라지지 않는 상대적 위치

유명 축구선수 리오넬 메시는 작은 키로 유명하다. 메시는 10대 초반에 성장호르몬 결핍증에 의한 저신장 소견으로 성장호르몬을 맞았다. 만약 호르몬을 맞지 않았더라면 최종 키는 150센티미터 이하가 되었을 텐데 프로필상 키는 169센티미터로 큰 편은 아니지만 의학적으로는 정상이다.

성환 씨의 키도 의학적으로 정상이다. 의학적 단신 혹은 저신장은 하위 3퍼센트에 해당하는데 163센티미터인 성환 씨는 정상 신장이었다. 키가 작은 편에 속하는 건 유전적 영향이 크다. 성환 씨의 아버지는 165센티미터, 어머니는 155센티미터였다. 부모의 키를 통해 자녀의 예상 키를 구하는 공식이 있다. 남성은 '부모의 평균 키+6.5센티미터', 여성은 '부모의 평균 키-6.5센티미터'로 계산하면 된다. 이 공식으로 계산한 성환 씨와 남동생의 예상 키는 166.5센티미터로 실제 키와 거의 일치한다(젊은 한국 성인의 평균 키는 남성 174센티미터, 여성 161센티미터 정도이다).

성환 씨의 키는 일상생활이나 운동에 지장이 있을 정도로 작지는 않았다. 그럼에도 스트레스였다. 이는 163센티미터라는 절대적 수치보다는 상대적 위치와 연관이 있었다. 만약 몇몇 유럽 국가처럼 평균 키가 180센티미터였다면 키가 170센티미터여도 비슷한 고충을 느꼈을 것이다. 다시 말해 키로 열등감을 느낀 것은 또래 남성보다 상대적으로 키가 작기 때문이었다.

유감스럽게도 키는 정규분포곡선을 따르는 외모의 영역이어서 일정 비율의 사람들은 남들보다 작을 수밖에 없다. 과거에 비해 영양 섭취가 개선되면서 절대적인 신장은 커졌지만 집단의 관점에서 볼 때 상대적인 위치는 변하지 않는다.

이 점은 과거에도 그랬고 지금도 그렇듯 미래에 태어날 누군 가들에게도 마찬가지로 적용될 것이다.

언젠가 '키가 180센티미터 미만인 남자는 루저'라는 내용의 방송이 화제를 모았다. 당시 비난이 거셌다. 발언자와 제작진의 의도와 달리 시청자들의 반발이 심하여 징계를 받는 것으로 사건은 마무리되었다. '키가 작은 남자는 루저'라는 말은 키는 여성보다 남성에게 더 중요하다는 통념과 여성들이 키가 큰 남성을 선호하는 어느 정도의 현실을 반영한다. 하지만 키와 삶의 성패에는 논리적 연관성이 있지 않기에 그 발언에는 오류가 있다. 무엇보다 통계적으로 90퍼센트가량의 남성은 키가 180센티미터 미만이다. 상위 10프로에 속하지 못했다고 해서 자괴감을 갖는 것은 너무나도 가혹한 일이다.

'루저의 난' 외에도 키가 작은 사람들을 위축시키는 얘기들이 더러 있다. 대표적으로 '키가 작으면 연애가 불가능하다'라는 말이 있다. 루저 발언과 일부 맥락이 통하는데 이 발언 또한 적절하지 않다. 키로 인해 고백을 거절당할 수 있지만 키가 크지 않은 사람들 대부분이 연애 경험이 있는 게 객관적인 사실이기 때문이다. 더군다나 모든 여성이 큰 키를 선호하는 건 아니라는 점을 염두에 두어야 한다.

사람마다 좋아하는 음식 취향이 다르듯 선호하는 키의 범위도 제각각이다. 외모에는 사회에서 이상적으로 간주하는 기준이 있지만 개인의 취향도 분명히 존재한다. 사람의 뇌가 인구 수만큼 다양하기 때문이다. 무엇보다도 연애에는 키 외에도 외모의 다른 영역, 외모가 아닌 사람의 다른 부분이 관여한다는 점을 염두에 두어야 한다. 키 하나로 모든 게 결정될 만큼 관계는 단순하지 않다.

대중화되지 않은 키 수술

그럼에도 불구하고 키 스트레스는 당사자에게 힘든 문제일 수 있다. 만약 평균 신장이 140센티미터 미만인 연골무형성증처럼 왜소증에 해당하는 키라면 일상에도 지장이 있을 수 있다. 하지만 성장판이 닫힌 이상 방법이 마땅치 않은 게 사실이다. 각종 시술 및 수술로 개선할 수 있는 다른 외모 부위와 달리 키는 그야말로 난공불락이었다. 키 크는 방법 중 가장 널리 알려진 성장호르몬 치료는 성인에게는 효과가 없다. 그로 인해 이미 성장판이 닫힌 성인의 작은 키는 해결할 방법이 없는 외모 영역으로 여겼다.

성인이 돼서도 키 크는 방법이 없는 건 아니다. 키 크는 수술이라고 알려진 사지연장수술이 있기는 하다. 휜 다리나 다리 길이가 다른 경우에 시행되는 치료였는데 미용적으로 사용된 적도 있으나 대중화되지는 않았다. 비용도 비용이지만 뼈를 인위적으로 절골하는 수술 방법상 위험이 동반되기 때문이다. 키가 작아 스트레스인 사람들도 부작용을 우려해 대부분 수술을 받지 않으며, 과거에 비해 안전성이 높아졌다지만 운동 능력을 떨어뜨릴 수 있기에 정형외과 의사들도 웬만해선 만류한다.

여타의 성형에 비해 키 수술은 아직 낯설게 느껴진다. 자녀가 쌍꺼풀 수술을 희망하면 마지못해 동의해주는 부모도 있지만 키 수술은 그렇지 않다. 그럼에도 불구하고 누군가는 키 수술을 받는다. 다른 사람들의 만류와 막대한 비용 부담, 건강과 운동 능력 저하를 감수해서라도 수술을 받는 사람들이 있다는 건 그만큼 몸의 미적 측면이 중요시되고 누군가에게는 뼈아픈 외모 콤플렉스이기 때문이다.

언젠가 지구 온난화가 심해지면 일부 도시들이 물에 잠길 거라는 얘기를 들은 적이 있다. 모를 일이다. 키 수술의 안전성이 높아지고 외모지상주의의 열기가 점점 더 뜨거워진다면 일정 분율의 남성들이 키 수술을 받는 날이 올지도. 시간이 흘러 키의 연장술이 지금의 쌍꺼풀처럼 익숙하게 느껴질 무렵 정규분포곡선은 높아져 있을 것이다. 키로 인한 열등감은 줄어들겠지만 인간의 기쁨과 슬픔에는 생각보다 큰 변화가 없을지도 모른다.

탈모증

두식 씨는 요즘 들어 거울을 보는 횟수가 부쩍 늘었다. 아침마다 살펴보는 부위는 이마였다. 언제부턴가 머리를 감을 때마다 대야에 널브러진 머리카락의 숫자가 늘어났다. 배수구로 빨려 들어가는 머리카락을 볼 때마다 가슴이 철렁했고, 아버지의 벗어진 이마와 정수리가 연상되었다. 두식 씨의 아버지는 옆머리를 빗어 넘겨 훤한 두피를 가릴 정도로 탈모가 심했다.

최근 들어 다른 사람의 머리숱을 살피는 습관이 생겼다. 출근길 지하철이나 회사에서 사람을 만날 때면 이마와 정수리가 가장 먼저 눈에 들어왔다. 40, 50대 상사들은 더러 탈모가 있으나 30대 또래 남성들은 대부분 풍성했다. 많이 신경 쓰였다. 빠지는 머리카락의 양이 늘면서 회사 동료들이, 특히 여직원들이 탈모를 알아차리지 않을까 괜스레 위축되었다. 한동안 고민하던 두식 씨는 인터넷 검색창에 '탈모'를 검색해 보았다. 천연 샴푸, 한의원, 모발이식, 줄기세포… 그야말로 정보의 바다가 펼쳐졌다.

의학적으로 남성형 탈모증은 질병과 노화의 중간 단계에 놓여 있다. 나이가 들면 누구나 머리숱은 줄어들기 마련이고 통계적으로 50세 남성 4명 중 1명은 탈모를 겪는다. 안드로겐성 탈모증*androgenic alopecia*이라고도 불리는 남성형 탈모증은 호르몬과 유전적 소인이 작용한다. 요즘에는 남성형 탈모증이 발생하는 연령대가 이전보다 낮아지고 있는데 서구화된 식생활, 환경호르몬 등의 영향으로 추정된다.[7] 아직 서양만큼은 아니지만 국내에서도 유병률이 높아지는 것으로 추정되며, 이로 인해 많은 남성이 스트레스를 받는다.

대한민국에서 탈모를 앓는 인구가 1000만 명을 넘었다는 말이 있다. 그런데 생각보다 여성의 비율이 높다고 한다.[8] 여성에게도 안드로겐성 탈모증인 여성형 탈모증이 제법 발생하기 때문이다. 다만 여성형 탈모증은 남성형 탈모증과 달리 머리 중앙선이 가늘어지는 양상이 많아 웬만큼 심해도 두피가 훤히 드러나는 경우는 드물다.

외모 심리학적으로 남성보다 여성들이 탈모를 더 힘겨워한다. 외모에 대한 부담이 더 큰 데다 임신 가능성으로 치료법이 제한적이기 때문이다. 하지만 탈모증 여성들이 심적으로 고충을 느끼는 데는 또 다른 요인이 있다. 탈모증은 여성에게도 얼마든지 나타날 수 있는 질환이다. 그런데 많은 사람이 여성형 탈모의 존재 자체를 모르고 있어 '탈모=남성형 탈모=남자만의 문제'라는 인식이 강하다. 간혹 의사들 중에서도 여성형 탈모증을 모르는 사람이 있을 만큼 남성형 탈모에 비해 덜 알려졌다. 이러한 현상에는 크게 두 가지 이유가 있다. 우선 남성들은 탈모이거나 혹은 탈모가 아닌데도 머리를 종종 밀고 다니는데 반해 여성들이 그렇게 하기에는 굉장히 어렵다. 또한 탈모가 발생해도 빠진 모발의 수가 상대적으로 적다 보니 눈에 덜 띄고, 외모에 민감한 여성들이 부분 가발, 파마, 흑채 등 위장 비율이 높다는 점도 체감 유병률을 떨어뜨린다.

고립감 떨쳐내기

의대 입학 전 '나처럼 탈모가 심한 사람이 있을까' 고뇌에 빠진 적이 있다. 당시 내가 아는 사람들 중에는 나처럼 머리카락이 많이 빠진 사람이 한 명도 없었다. 상담치료 기법 중 보편화*universalization*이라는 방법이 있다. 내담자의 고통이 생각보다 많은 사람이 겪는다는 것을 알려주는 것인데, 이를 통해 내담자는 고립감에서 벗어나게 된다. 이 기법은 특히 사회적으로 소수자 그룹에 속한 사람들에게 효과적이다.

탈모처럼 외모 자존감을 위협하는 피부질환들은 몸의 표면에 발생하기에 종류와 관계없이 심리적인 영향력에서 유사한 부분이 많다.[9] 거울 속 자신의 모습을 수용하기 어렵고, 사람들의 말과 시선이 두려워 밖으로 나가는 게 힘겨워진다. 외출을 하더라도 가발이나 모자, 화장, 긴 소매옷으로 병변을 위장하는 사람들이 많으니 실제 유병률과 체감 유병률의 격차는 더욱 커진다. 대인관계가 원만하지 않은 사람이라면 외모로 인한 고립감은 곪아버리기 십상이다. 질병 특성상 악순환의 고리를 밟기 쉬운데, 반대로 고립감에서 벗어나는 것은 추락한 외모 자존감을 회복하는 첫걸음이 될 수 있다.

외모 심리학적으로 탈모는, 특히 젊은 나이 발생한 탈모증은 분명 외모 자존감을 떨어뜨리는 변수이다. 실제로 탈모증을 겪는 사람들이 자존감이 낮고 우울, 불안 지수가 높다는 사실이 보고된 바 있다.[10] 탈모 당사자들은 외모 자존감을 떨어뜨리는 얘기를 주위에서 자주 접한다. 학창 시절 탈모를 겪는 선생님의 머리는 특히 남학생들 사이에서 얘깃거리가 되고, 그러면서 '탈모가 있으면 연애가 불가능하다' 등의 얘기도 듣게 된다. 이외에도 TV나 인터넷, 유튜브에서 탈모 당사자를 위축시키는 말을 어렵지 않게 접할 수 있다. 하지만 '탈모＝연애에서 극복 불가능한 마이너스 요인'이라는 명제는 너무나도 당연하지만 옳지 않다. 다른 콤플렉스와 마찬가지로 탈모증이 있는 사람도 대부분 연애 경험이 있기 때문이다.

사람마다 취미나 관심사가 다르듯 탈모증에 대한 수용의 정도도 제각각이다. 탈모증이 마이너스가 될 수 있지만 누군가에게는 감점의 폭이 훨씬 작을 수도 있다. 무엇보다 연애에는 탈모 외에도 외모의 다른 영역, 외모가 아닌 사람의 여러 가지 측면이 관여한다. 사람의 관계는 탈모증 하나로 좌우될 만큼 단순하지 않다.

탈모 콤플렉스에
대처하는 법

1

전문가에게 진료받기

탈모가 발생했을 때 주변의 입김에 휩쓸려 민간요법 등 검증되지 않은 치료를 받는 사람들이 더러 있다. 워낙 유병률이 높다 보니 인터넷에는 충분히 검증되지 않은 정보들이 산재해 있다. 하지만 탈모 치료에서 첫걸음은 전문가인 피부과 의사에게 진료를 받는 것이다. 너무나도 당연하지만 많은 사람이 간과하는 게 바로 이 첫 단계이다.

정확한 지식 획득하기

탈모 치료는 종종 머리에 짓는 농사로 비유된다. 유형에 관계없이 장기적인 관리가 필요한 만성 질환이어서 충분한 지식을 갖는 게 여러모로 도움이 된다. 탈모증의 치료수단과 효능, 의문점(검은 콩의 효과, 약효가 나타나는 시점, 약물 복용기간, 약물을 끊으면 어떻게 되는지, 성기능 부작용의 진위 여부, 모발이식, 신약 등)에 대해서 정확한 지식을 갖는 것만으로도 관리하는 데 한결 자신감이 생긴다.

인터넷 커뮤니티 사이트 활용하기

젊은 나이에 탈모증이 발생하면 위축되기 쉬운데, 비슷한 어려움을 겪는 사람들의 말은 소외감을 덜어준다. 커뮤니티 사이트는 잘못된 정보 교류의 장이 되거나 상업적인 목적으로 활용되기도 하지만 고립감을 줄이는 순기능도 있다.

외모 콤플렉스를
느끼는 사람들

홍당무
콤플렉스

24살 강훈 씨는 IT 회사 입사 면접을 앞두고 있다. 그에게는 한 가지 고민이 있는데, 바로 안면홍조였다. 홍조의 시작은 중학교 1학년 음악 수행평가 때였다. 타고난 음치인 강훈 씨의 노래를 들은 반 친구들이 껄껄거리며 웃었는데 순간 창피하다는 생각이 들면서 얼굴이 화끈거렸다. 이후 남들 앞에서 발표할 때면 얼굴이 붉어졌고, 달아오른 얼굴을 알아차린 누군가가 토마토 혹은 홍익인간 같다는 말을 하면 얼굴은 더욱더 붉어졌다. 남들 앞에 나서는 상황도 불편했지만 가장 큰 스트레스는 통제되지 않는 얼굴색이었다. 수업시간에 선생님이 지목하는 상황에서도, 이성 친구들과 눈을 마주칠 때도, 남동생과 말싸움을 할 때도 얼굴은 빨개졌다. 어떠한 상황에서도 얼굴색이 변하지 않는 친구들이 내심 부러웠다.

대학생이 되고 나서도 외모 콤플렉스는 여전했다. 안면홍조는 특정 상황에서 나타났다가 10분 내로 사라지기를 반복했다. 얼굴이 붉어지는 건 크게 다섯 가지 상황이었다. 술 마실 때, 누군가에게 칭찬을 들을 때, 대화가 길어지거나 혹은 언성이 높아질 때, 그리고 발표할 때면 얼굴은 홍당무처럼 화끈 달아올랐다. 걱정이었다. 곧 있을 면접에서 면접관들의 질문에 얼굴이 붉어지면 어쩌나, 붉어진 얼굴을 안 좋게 보면 어쩌나 거울을 들여다보며 강훈 씨는 깊은 생각에 잠겼다.

의학적으로 혈류가 얼굴로 쏠리면서 발생하는 홍조는 대개 10분 이내 사라지지만 당사자는 당혹스럽기만 하다. 감정홍조를 가진 사람들은 대부분 문제를 해결하기보다는 견디는 방식으로 대처한다. 병원에서 치료를 받기보다는 안면홍조와 내적인 불편함을 견디는 경우가 많다.[11] 이들은 코로나가 창궐하면서 강제적으로 마스크를 착용하게 된 것을 내심 다행이라고 여길지도 모른다.

홍조 당사자의 뇌를 분석해보면 얼굴이 붉어지는 증상

에 과도한 두려움을 갖는 경우가 많다. 객관적인 모습을 보기 위해 동영상으로 촬영해보면 당사자가 주관적으로 느꼈던 것만큼 홍조 증상이 두드러지지 않는 경우가 더러 있다. 당사자가 100만큼 붉어졌다고 느껴도 객관적으로는 50 미만인 경우가 흔하다. 외모와 달리 내면은 주변에서 보지 못하기 때문이다. 자신의 몸이다 보니 주관적으로 홍조에 동반되는 증상(두근거림, 식은땀, 불안 등)을 누구보다도 크게 체감하는 반면 주변 사람들은 그러한 감각을 느끼지 못한다. 음악 수행평가 때 부끄러웠던 기억이 강훈 씨에게는 10년이 지나도 머릿속에 남아 있으나 동창들 대부분이 기억하지 못하는 것과도 관련이 깊다. 그 당시 동창들의 눈에는 노래를 못하고 얼굴이 붉어진 누군가의 모습만 들어올 뿐 강훈 씨가 느낀 두근거림, 식은땀, 떨림, 긴장감, 창피함, 부끄러움, 화끈거림 같은 생생한 감각은 전달되지 않았다. 이처럼 주관적인 느낌과 실체를 분리하여 객관적 위력을 파악하는 것은 홍조를 줄이는 첫걸음이 될 수 있다.

피부는 마음이라는 바다와 몸이라는 백사장이 만나는 절묘한 경계선에 위치해 있다. 몸의 최전방이다 보니 파도에 흔들리기 쉽지만, 마음의 파도 소리를 조절할 수만 있다면 경계선의 움직임도 줄어들 것이다.

짐작하기 힘든
외모 콤플렉스들

구레나룻, 한관종, 큰 머리, 인중 수염, 목 주름, 거북목

짙고 긴 구레나룻은 와일드하고 터프한 인상을 준다. 구레나룻이 없거나 짧은 사람 중 일부가 이식을 받는 건 인상 때문일 것이다. 반대로 거울 속 구레나룻이 너무 길어서 고민인 사람도 있다. 눈가에 오돌토돌한 물사마귀 같은 게 나는 사람들이 있다. 땀샘 분비관이 막혀서 생기는 한관종은 여성에게서 호발하며 화장을 할 때 스트레스를 받을 수 있다. 남들보다 큰 머리 사이즈로 인해 스트레스를 받는 사람들도 적잖게 있다. 멕시코의 화가 프리다 칼로처럼 인중 수염과 눈썹이 짙은 여성은 남성적인 느낌으로 인해 외모에 불만을 가질 수 있다. 목 주름살이나 거북목은 외견상 티가 많이 나지는 않지만 당사자의 입장에서는 은근히 신경 쓰이는 부분이다.

하얀 피부, 구릿빛 피부

하얀 피부가 마음에 들지 않아 선탠을 하는 사람도 있지만 남들보다 까만 피부가 콤플렉스인 사람도 있다. 특히 피부색이 짙은 사람은 '검둥이' 등의 별칭이 붙기도 한다.

돌출귀

이목구비 중에서 귀는 상대적으로 주목을 덜 받는다. 얼굴 외곽에 위치해 있고 머리가 긴 사람들은 아예 덮어버리는 경우도 많다. 누군가의 모습을 떠올릴 때 얼굴과 달리 귀 생김새는 잘 떠오르지 않지만 귀도 엄연히 안면부에 위치한 기관이다. 귓바퀴가 부채처럼 활짝 펴진 돌출귀를 가진 사람들은 스트레스를 느끼기도 한다.

결막모반, 옅은 눈썹, 속눈썹 탈모

눈 흰자에 점이 있는 사람들이 있다. 흑색종이라는 암일 수도 있지만 대부분은 미용상의 문제만 야기한다. 눈썹은 인상을 형성하는 데 매우 중요한 역할을 한다. 그 때문인지 눈썹 문신을 하는 사람들이 점점 증가하고 있다. 속눈썹도 눈의 매력에 영향을 준다. 눈화장을 짙게 하거나 원형 탈모를 앓는 사람들은 속눈썹이 탈락하기도 하는데 크게 티가 안 나더라도 당사자는 위축감을 느낄 수 있다.

넓은 콧구멍, 많이 드러난 콧구멍

코는 얼굴 정중앙에 위치하여 인상에 미치는 영향이 크다. 코 성형 빈도가 높은 것은 이와 무관하지 않다. 그런데 코가 아닌 콧구멍이 넓거나 들창코로 인해 콧구멍이 너무 많이 보여 스트레스를 받는 사람들도 있다. 고충이 심한 경우 성형을 하기도 한다.

잇몸미소, 누런 치아

웃을 때 앞니 윗부분 잇몸이 많이 드러나면 부자연스럽다. 잇몸미소가 있는 사람들은 웃거나 사진 찍을 때 손으로 입을 가리거나 콤플렉스가 심하면 소위 잇몸 성형술을 받기도 한다. 새하얀 치아는 웃음을 더욱 환하게 만든다. 치아가 누런 경우 치아미백을 받기도 하는데, 사실 당사자가 아닌 이상 치아 색깔을 인식하기란 쉽지 않다. 하루에 세 번씩 수십 년간 이를 닦아온 사람만큼 자신의 치아 색을 자주 살피는 사람은 없을 테니까.

체형에 비해 좁거나 넓은 어깨

'어좁이'라는 말이 있다. 어깨가 좁은 사람을 가리키는 말로 주로 남성들이 콤플렉스로 느낀다. 반대로 어깨가 넓다는 뜻의 '태평양 어깨' 혹은 '어깨 깡패'라는 말은 건강한 신체를 상징하여 남성에게는 선망의 대상이지만, 여성들은 다소 부담스러워하기도 한다.

작거나 큰 발, 가늘거나 두꺼운 발목·팔뚝·종아리

발 사이즈는 대체로 신장에 비례한다. 발이 작은 남성들은 신발을 살 때 맞는 사이즈가 적어 스트레스를 받을 수 있다. 반대로 여성들은 '왕발' 콤플렉스를 느끼기도 한다. 해당 여성들은 일부러 작은 치수의 신발을 신거나 공공장소에서 신발 벗기를 꺼리기도 한다. 여성들 중에 발목, 팔뚝, 종아리가 상대적으로 두꺼워 콤플렉스를 느끼고 치마를 입지 않는 사람도 있다. 반대로 남성들은 가냘픈 팔뚝, 종아리가 신경쓰일 수 있다.

큰 키

키 콤플렉스는 키가 작은 남성만의 전유물이라 생각하기 쉽다. 그러나 여성들 중에도 키 스트레스를 느끼는 사람들이 꽤 있다. 키가 커도 콤플렉스가 될 수 있다. 키가 170센티미터를 상회하는 여성이나 190센티미터를 상회하는 남성들 중에서 '키가 조금만 더 작았으면' 하고 생각하는 사람들도 제법 있다.

마른 체형, 근육질 몸매, 작은 가슴, 큰 가슴, 좁은 골반

깡마른 남성들 중 체형에 불만인 이들이 꽤 있다. 큰 키에 근육질 체형이 남성에게 이상적인 몸이기 때문이다. 다다익선인 남성과 달리 여성의 근육은 과유불급이다. 소위 핏스피레이션 열풍으로 인해 과거와 달리 적당량의 근육은 바람직하지만 남성처럼 과도한 근육은 부적절하다고 간주된다. 가슴이 너무 커서 유방축소술을 받는 여성도 있고, 가슴이 너무 작아 유방확대술을 받는 여성도 있다.

외모 콤플렉스는 일일이 나열하는 게 불가능할 정도로 신체 부위마다 다양하게 발생한다. 그리고 상대적이다. 누군가의 외모 콤플렉스가 다른 사람에서는 그렇지 않을 수 있고, 어릴 때는 콤플렉스였던 게 나이가 들면서 도리어 장점으로 변화하기도 한다. 흥미로운 현상이다. 외모는 몸의 미적인 측면인데 정작 상당수의 외모 콤플렉스는 다른 사람들이 인식하지 못한다. 반대로 주변 사람들은 외모 콤플렉스가 없을 거라고 생각한 적이 있다면 그 생각에 합리적 의심을 가질 필요가 있다. 그들 또한 당신이 미처 파악하지 못한 은밀한 외모 콤플렉스로 끙끙 앓았을 가능성이 매우 높다.

이처럼 외모 콤플렉스가 객관적이지 않은 건 다른 누구보다도 당신이 몸과 함께 가장 많은 시간을 가까이서 보내는 사람이기 때문이다. 어떤 면에서 외모 콤플렉스를 느끼는 건 몸에 대한 관심과 애정이 그만큼 크다는 의미이기도 하다.

Chapter 5

외모 자존감 회복을 위해
극복해야 하는 6가지 습관

외모 자존감이 낮은 사람들의 공통점 중 하나는 외모
자존감에 안 좋은 습관들이 많다는 점이다. 주변 사람들
눈에는 훤히 보이는데 정작 당사자는 인식하지 못하는
악습관도 있고, 대부분의 사람이 파악조차 못한
습관도 있을 것이다.

'밑 빠진 독에 물 붓기'라는 말이 있다. 이런 상황에서는
계속 물을 붓기보다 흠집을 수리하는 게 문제를 보다
효과적으로 해결할 수 있다. 마찬가지로 외모 자존감을
개선하기 위해서는 자신의 문제가 무엇이고 얼마나
심각한지 파악하는 게 우선이다.

가령 외모 자존감이 똑같이 50점인 사람이라도 흠집의 위치는 다를 수 있다. SNS 사용 시간이 많다면 비교하는 습관이 원인일 것이고, 야식과 간식을 즐긴다면 식습관이 문제일 가능성이 높다.

흠집을 확인했다면 수리 계획을 세워야 한다. 이때 주의해야 할 점은 실천할 수 있는 구체적인 계획을 세워 실제 작업에 들어가야 한다는 것이다. 아무리 좋은 기구와 자재가 있어도 수리하지 않으면 자존감의 샘물도 계속해서 새어 나갈 것이다. 그러므로 차일피일 미루지 말고 최대한 빨리 작업에 돌입하는 게 좋다. 빨리 수리할수록 조금이라도 더 많은 외모 자존감을 보존하게 될 테니까.

비교 습관

외모 자존감이 낮은 사람들의 안 좋은 습관 중 하나는 다른 사람과 외모를 비교하는 것이다. 물론 비교는 나름대로 긍정적인 기능이 있고 아예 안 하는 것은 사실상 불가능하다. 하지만 이들은 비교를 하더라도 불공정하고 잔인한 방식으로 하는 경향이 있다. 이들의 비교 대상은 주변에서 외모가 가장 뛰어나거나 SNS의 외모 천재들이며 비교를 할 때도 자신의 단점과 타인의 장점을 비교하는 무리수를 둔다. 혹은 신체 부위별로 비교하여 옴짝달싹 못하게 압박한다. 예컨대 '나는 누구보다 피부가 좋지 않아', '나는 누구보다 코가 낮아'라는 식으로 자신을 벼랑 끝으로 몰아세운다.

카페인증후군(카카오톡, 페이스북, 인스타그램)이라는 신조어는 비교 습관에서 유래했다. 소셜 미디어를 사용하는 사람들은 대개 외모에 자신이 있는 사람들이다. SNS나 대중 매체가 아니더라도 일상에서 자주 접하는 지하철 광고, 패션 잡지 등 표지에 등장하는 사람은 대부분 외모가 뛰어나다. 적확히 말하자면 외모가 뛰어나 표지에 실린 거라서 이들과의 비교는 애초부터 부당한 일이다.

외모 자존감이 낮은 사람들은 이 사실을 인식하지 못하거나 혹은 은연중에 인식하면서도 비교하는 습관을 자제하지 못해 자신을 깎아내린다. 패배는 필연적이다. 끝없는 외모 비교에서 마침내 무릎 꿇을 때가 되면 수치심과 시기심을 견디다 못해 온오프라인 방방곡곡의 성형 광고로 시선이 쏠린다. 그러고는 모든 걸 외모 탓으로 돌리며 병원에 들어선다.

개인적으로도 비교 습관에 사로잡힌 적이 있었는데 대학교 1학년 때였다. 재수 시절에는 의대만 합격하면 고생이 끝날 줄 알았는데 아니었다. 공부 스트레스는 여전했고 외모 자존감도 여전히 낮았다. 이유는 간명했다. 나도 모르게 주변 남자 의대생들과 비교했고, 그러는 과정에서 열등하다고 느낀 것이다. 정신과 의사가 되었지만 병원에는 여전히 나보다 뛰어난 동료들이 있다. 하지만 이제는 열등감을 느끼지 않는다. 비교 습관에서 벗어나는 심리 기술을 습득했고, 외모와 자신에 대한 만족감은 객관적인 외모로 정해지지 않는다는 점을 깨달았다. 물론 이따금씩 다른 사람과 비교하는 나 자신을 발견할 때도 있다. 비교를 완전히 중단하는 것은 불가능에 가까우니까. 그럼에도 타인과의 비교를 줄이는 것은 이론적으로 열등감의 늪에서 벗어나는 가장 효과적인 방법이다. 외모 열등감의 뿌리가 곧 비교 습관이기 때문이다.

비교 습관에서 벗어나기 위한
3가지 방법

1

나만의 표로 작성하기

대부분의 사람은 나이, 성별, 배경이 비슷한 사람과 비교한다. 또한 자신이 중요하게 생각하는 무언가로 비교에 참여하는 경향이 있다.[1] 예컨대 중고등학생 때는 또래 친구들과 성적이나 외모로 비교하지만 나이가 들어 직장인이 되거나 30대를 넘어 40대가 되면 관심사가 달라진다.

SNS의 발달은 비교의 경향을 변화시켰다. 일상생활과 달리 소셜 미디어의 비교는 3차원적이다. SNS가 개발되기 전에는 활동 반경 내에서만 일어났다면 SNS는 그야말로 모든 사람과의 비교를 가능케 했다. 또한 유명인만 등장하던 TV, 잡지, 신문 등의 매체와 달리 일반인과의 비교를 촉진했다. 카페인을 통해 일상 속 누군가와의 비교가 빈번해지면서 외모 불만족감은 한층 심해졌다. 유명인보다 평소 자주 만나는 사람과의 비교에서 패할 때 열등감을 느끼기 쉽기 때문이다.

비교 습관을 개선하는 데 있어 가장 큰 난관은 비교한다는 사실을 알아차리기가 어렵다는 점이다. 모든 사람의 내면에서 일어나지만 은밀하게 진행되다 보니 인식하기가 까다롭다. 그 때문일까. 외모 자존감이 낮은데 SNS를 자주 사용하는 사람들 대부분은 비교 습관과 그로 인한 폐해를 깨닫지 못한다. 모든 문제 해결의 출발점은 문제를 인식하는 것인데 자각 자체를 못하니 개선은 더딜 수밖에 없다.

한 가지 도움이 되는 방법은 머릿속에서 끄집어내어 눈으로 보는 것이다. 아래의 표처럼 스쳐 지나가는 생각들을 활자화하면 비교 습관을 명확하게 파악할 수 있다.

외모를 비교한 사람	생각	외모 자존감에 주는 타격 (-100~0)
대학교 동기 김〇〇	피부가 좋아졌네, 나도 피부과에 가봐야 하나?	-20

외모를 비교한 사람	생각	외모 자존감에 주는 타격 (-100~0)
뷰티 유튜버 ○○○	예쁘다, 나도 저런 외모를 가졌으면… 저런 외모라면 정말 행복할 것 같아.	-10

2

인식하기

SNS 외에도 외모 열등감을 자극하는 매체는 수두룩하다. 특히 패션 잡지, 광고, 홍보물은 온오프라인 모두에 걸쳐 있어 사이버 방역도 불가능하다. 설상가상으로 사람들이 많이 다니는 지하철역 등 핫 플레이스에 게시되어 나도 모르는 사이 비교는 진행된다.

이처럼 비교를 피할 수 없을 때는 외모 자존감에 타격이 덜 가는 방식으로 대응해야 한다. 그러기 위해선 다음의 두 가지 사실을 인식해야 한다. 우선, 뛰어난 외모를 지닌 사람은 실제로 극히 드물다는 점이다. TV, 광고, 패션 잡지뿐 아니라 구독자 수가 많은 뷰티, 패션 유튜브, 팔로워가 많은 카페인 속 사람들은 준연예인급의 외모를 지닌 희귀한 사람들이라는 사실을 인지할 필요가 있다. 또한 표지에 등장하는 사람들은 외모의 중요성, 투자 비용, 시간이 압도적으로 높다. 그들은 패션, 헤어스타일, 메이크업에 대한 관심과 유지 비용이 월등히 높고, 촬영한 사진 수십 장 중 예쁘게 나온 한두 장만을 게시한다.

SNS에서도 마찬가지다. 카페인에서 프로필 사진을 자주 바꾸는 사람은 대개 외모에 쓰는 시간이 평균 이상이다. 그들은 잘 나온 사진 몇 장을 이미지로 내걸고, 다른 사람의 사진을 보기 위해 많은 시간을 할애하는, 외형에 관심이 많고 은근한 자신감을 가진 사람들이다.

●**방법 1** 외모가 뛰어난 사람이 실제로는 드물다는 사실 인식하기
대부분의 사람은 부모님에게 엄친아와 비교당한 기억이 있다. 당연히 기분은 안 좋았을 것이다. 하지만 엄친아와의 비교는 애초부터 잘못된 일이다. 말 그대로 그들은 극소수의 뛰어난 사람들이기 때문이다. 대부분의 사람은 그들에게 못 미칠 수밖에 없고, 불필요한 열등감과 자기 비하적 사고만 생긴다. 마찬가지다. 외모 천재와의 비교는 처음부터 부당한 일이다. 어쩌면 엄친아와의 비교보다 더 위험할지도 모른다. 외모처럼 개선의 여지가 없거나 제한적인 특성일수록 부메랑(외모 불만족감, 안 좋은 습관)이 되어 돌아올 가능성이 높다.

(예시)

"저 사람은 정말 예뻐. 하지만 엄친아처럼 매우 드문 사람이야. 비록 저 사람
만큼 외모가 뛰어나지는 않지만 그래도 괜찮아."

"저 사람은 매우 보기 드문 외모를 가졌어. 저런 외모를 가진 사람은 10%도
되지 않아. 괜히 스트레스 받을 필요는 없어."

개선을 위해서는 내가 나를 존중할 수 있어야 한다. 지금껏 엄
친아와 비교당하며 자랐더라도 나는 거울 속의 나를 존중해야 한
다. 설령 비교에서 이기지 못하더라도 자신을 독립적 존재로 존중
할 수 있다면 그 사람의 외모 자존감은 양호할 것이다. 외모 자존감
은 내가 나에게 건네는 내면의 존중이기 때문이다.

●**방법 2**   외모에 대한 투자가 상당하고 사진을 선별한다는 사실 인식하기

로마 시대를 배경으로 한 영화에서 콜로세움의 검투사들은 나란히
칼과 방패, 투구와 갑옷을 걸친 채 상대방과 결투한다. 마찬가지로
어쩔 수 없이 비교할 때는 적어도 공정한 조건에서 진행해야 한다.
카페인 속 사람들은 평소 외모 관리를 꾸준히 해왔고, 풀메이크업
에 값비싼 옷을 입었고, 무엇보다 포토샵이라는 강력한 무기로 피
부를 보듬었다. 칼이 아니라 총을 든 상대와 대결하는 것은 누가 봐
도 무모한 행위가 아닐 수 없다.

(예시)

"애초에 저 사람은 외모에 투자하는 시간과 돈이 나보다 월등히 많아. 직업상

외모가 중요하니까. 그러니 저 사람과 외모를 비교하는 건 부당한 일이야."

"저 사람은 수많은 사진 중에서 잘 나온 사진을 게시한 거야. 다른 사람의 하이라이트 사진과 나의 밑바닥을 비교하는 건 부당해."

3

활력지수 높이기

외모 자존감이 높은 사람들 중에서 외모에 관심이 없는 사람도 있다. 이들은 겉모습을 관리하는 데 별 관심이 없고, 다른 사람의 뛰어난 외모를 보고도 동요하거나 부러움을 느끼지 않는다. 이런 사람들의 외모 자존감 비결은 남들이 외모에 투자하는 시간과 에너지를 자신만의 중요한 무언가에 사용한다는 점이다. 이들은 자신이 가장 빛나는 순간이 언제인지를 누구보다도 잘 안다. 연구실에서 실험에 몰입하는 과학자, 높은 산에 오르는 산악인, 오지에서 병자를 돌보는 의료인처럼 내면의 에너지를 쏟아부을 의미 있는 무언가를 갖고 있다. 이들처럼 가슴 충만한 만족감과 행복감을 느낄 수 있는 무언가를 찾은 사람에게 외모는 별게 아닌 것으로 전락한다. 비교를 위해 사용하던 에너지가 활력지수로 전환되기 때문이다.

외모 자존감을 끌어올리는 방법 중 일부는 생각의 전환과 기술의 적용을 통해 이루어진다. 따라서 몸을 움직이지 않고도 가능하다. 반면 어떤 방법들은 실천을 바탕으로 효과를 발휘한다. 아무리 좋은 계획도 행동으로 옮기지 않으면 비틀거리는 외모 자존감을 부축하지 못할 것이다. 따라서 바로 실천할 수 있는 구체적이고 현실적인 계획을 세우는 것이 가장 중요하다.

내가 만족감을 느끼는 상황	활력지수 (1~10)	비교 에너지를 활력지수로 바꾸기 위한 구체적인 실천 계획
여행	8	유럽 여행 (일주일 내로 실천 가능성 0%)
축구, 자전거, 볼링	7	동호회에 가입하여 주말마다 운동하기(일주일 내로 실천 가능성 80%)

생각 습관

　〈내 아이디는 강남미인〉에서 도경석은 중학교 시절 강미래가 춤을 추는 걸 보고 웃은 적이 있다. 단순히 춤을 추는 모습이 귀여워서 웃은 것인데 한창 외모로 놀림받아 외모 자존감이 바닥이던 강미래는 또래 남학생들처럼 자신의 외모를 보고 비웃었다고 생각했다. 대학생이 되어 학창 시절 얘기를 하면서 오해가 풀렸지만, 이처럼 외모 자존감이 낮은 상태에서는 외모와 관련된 상황을 부정적으로 곡해하기가 쉬워진다. 그로 인해 가해자는 없는데 피해자는 있는 역설적인 상황이 발생한다. 문제는 저도 모르게 외모 자존감이 떨어지는 상황이 꽤나 빈번하게 발생한다는 점이다. 전혀 그럴 필요가 없는데도 외모 자존감이 떨어지는 것만큼 유감스러운 상황이 또 있을까? 생각 습관은 외모 자존감을 떨어뜨리는 가장 유감스러운 습관이 아닐 수 없다.

아래의 사례들은 외모와 관련된 상황에서 주관적인 해석이 얼마나 큰 영향을 주는지를 보여준다. 〈생각 2〉는 상황을 파국적으로 해석하고, 결점에 집중되어 있으며, 외모를 희생양으로 삼는 경향이 있다. 반면 〈생각 1〉은 객관적인 사실과 주관적인 느낌을 분리하여 생각한다. 외모 자존감이 높은 사람이라면 생각 습관이 1번에 가까울 것이고 낮은 사람이라면 2번에 가까울 것이다. 해당 상황에서 나는 어떻게 생각할지 상상하면서 읽어보자. 만약 부정적으로 생각하는 경향이 있다면 그렇게 해석한 이유에 대해 고민해보자.

나도 모르게 외모 자존감이
낮아지는 상황들

예시 1 키가 161센티미터인 남성이 여성에게 고백했는데 거절당했다.

생각 1 고백을 거절당한 건 백 퍼센트 확실하지는 않지만 키가 작은 게 원인일 수 있어. 하지만 키가 원인이 아닐 수도 있고, 무엇보다 고백했을 때 실패할 확률은 누구에게나 있는 거야. 그리고 그녀가 작은 키를 싫어한다고 해서 다른 여성들도 다 그런 건 아니야. 키가 작은 사람도 대부분 짝이 있는 게 객관적 사실이니까.

생각 2 역시 남자는 키가 작으면 안 되는구나. 키 작은 남자는 루저야.

예시 2 대학교 OT에서 남자 선배들이 날씬한 여자 동기에게 밥을 사줄 테니 연락하라고 번호를 건넨다. 반면 어릴 때부터 뚱뚱하다고 놀림받은 여성에게는 아무도 다가오지 않았다.

생각 1 기분이 좋지 않았어. 솔직히 선배들이 나한테도 밥을 사준다고 했으면 좋았을 것 같아. 하지만 객관적으로 본다면 선배들이 접근하지 않은 게 외모 때문인지는 확실하지 않고, 또 나한테만 밥을 안 사주는 건 아니잖아? 어차피 만 원짜리 밥

에 불과해. 기분이 썩 좋지는 않지만 객관적으로
볼 때 그리 대수롭지 않은 일이야.

생각 2 역시 여자는 뚱뚱하면 안 되는구나.

예시 3 대학교 학생식당에서 줄을 서서 기다리는데 남학생
두 명이 나를 향해 킥킥 웃고 있다. 중고등학생 때
얼굴이 못생겼다고 놀림받은 기억이 떠올랐다.

생각 1 나를 쳐다보면서 웃고 있는데 뭐가 그리 재밌을
까? 자기들끼리 재밌는 얘기를 하다가 우연히
눈이 마주친 걸까 아니면 내 얼굴을 보고 웃은
걸까? 괜히 신경이 쓰이긴 하지만 어차피 별거
아니야. 객관적으로 쟤들이 뭐라고 하는지 불확
실한 데다가 설령 안 좋은 의도라고 해도 큰일
은 아니야.

생각 2 내 얼굴이 못생겼다고 비웃는 게 틀림없어. 멀리
떨어져 있어서 정확히 뭐라고 하는지 들리지 않
지만 느낌이 불길해.

예시 4 평소 외모가 불만이던 여성이 면접에서 두 번 연속
떨어졌다. 학점이나 토익 등 다른 스펙 점수는 지원

자 중 상위권이었다.

생각 1 이유를 가르쳐주지 않았으니 면접에 왜 떨어졌는지 확실하지 않아. 뭐, 외모 때문일지도 몰라. 어쩌면 이전 회사에서 불합격한 것도 같은 이유일 수 있어. 하지만 객관적으로 볼 때 불합격 사유를 전해 듣지 못했으니 외모가 원인이 아닐 가능성도 충분히 있어. 아쉽지만 다음 면접을 잘 준비해야겠다.

생각 2 면접에 떨어진 건 틀림없이 외모 때문이야. 예전 대학 입학 면접 때도 비슷한 경험을 했어. 역시 얼굴이 못생기면 안 돼. 쌍꺼풀이 없어 인상이 사나워서 그런 게 분명해. 부모님이 이렇게 낳아주지만 않았어도….

예시 5 평소 외모에 자신이 없던 여성이 길거리(동호회)에서 헌팅(고백)을 받았다.

생각 1 저 사람은 나의 어떤 매력에 반했을까?

생각 2 외모가 예쁘지 않은 나에게 헌팅(고백)을 했어. 왜 다른 사람이 아니라 나일까? 뭔가 다른 의도가 있지는 않을까? 나를 가볍게 생각하거나 그

냥 장난 삼아 찔러본 거 아니야?

예시 6 오랜만에 만난 친구(직장 동료)가 '너 요새 얼굴 좋아 보인다'라고 말했다.

생각 1 요새 피부 관리한 게 티가 났나?

생각 2 얼굴이 살쪘다고 지적하는 건가?

예시 7 오랜만에 체중을 쟀는데 62킬로그램이었다.

생각 1 내 키에는 체중이 60킬로그램 미만인 게 적당해. 요새 회식 때문에 체중이 좀 늘었는데 다시 관리를 해야겠다.

생각 2 망했다. 내 키에는 무조건 체중이 60킬로그램 미만이어야 해. 나는 끝이야.

예시 8 강의가 끝나고 교수님께 질문을 드렸는데 말투와 표정이 썩 달갑지 않아 보였다. 지난주에 예쁜 친구가 질문했을 때는 웃으면서 응대하시던 모습이 떠올랐다.

생각 1 오늘 컨디션이 안 좋으신가? 나도 컨디션이 안 좋을 때는 평소보다 퉁명스러울 때가 있으니까 이해하고 넘어가야지.

<u>생각 2</u> 하다 못해 교수님들도 외모로 차별하는구나!

예시 9 소개팅을 했는데 분위기가 나쁘지 않았다. 그런데 애프터 신청이 들어오지 않았다.

<u>생각 1</u> 분위기는 나쁘지 않았는데 잘 안 되었구나. 내심 아쉽기도 하지만 어차피 소개팅은 성공률이 낮아. 첫 만남에서 서로가 상대방 마음에 들기는 어려울 수밖에 없어.

<u>생각 2</u> 외모 때문에 애프터가 들어오지 않았어.

예시 10 이마에 흉터가 있는 사람이 첫 출근을 앞두고 있다. 회사에서 처음 만나게 될 동료들이 어떤 반응을 보일지 걱정이 되었다.

<u>생각 1</u> 얼굴에 상처가 있으니 내가 눈에 띄는 건 어쩔 수 없어. 처음 만나는 사람들이니 아마 궁금해할 거야. 얼굴을 쳐다본다고 해서 그들이 나를 싫어한다는 의미는 아니야. 처음이라 낯설겠지만 시간이 지나면 다들 익숙해질 거야.

<u>생각 2</u> 다들 내 흉터만 쳐다볼 거야. 흉터를 놀리는 사

람도 있을 거고, 분명 나를 반기지 않을 거야.

예시 11 160센티미터에 80킬로그램인 여성이 포장마차에서 어묵을 먹고 있었다. 길을 지나던 남성과 눈이 마주쳤다. 남성은 표정 변화 없이 가던 길을 갔다.

생각 1 눈이 마주쳤구나.

생각 2 '그렇게 시도 때도 없이 먹으니까 뒤룩뒤룩 살이 찌지'라고 생각한 것 같아.

예시 12 BMI가 35인 남성이 지하철에 탑승했다. 마침 자리가 나서 앉았는데 그와 동시에 옆좌석에 앉아 있던 여성이 자리에서 일어났다. 그 여성은 두 정거장 뒤에 내렸다.

생각 1 지금 내리는데 왜 아까 일어난 거지? 혹시 나 때문에 비좁아서 일어난 건 아닐까? 하지만 객관적으로 볼 때 이유는 확실하지 않아. 나도 가끔 두세 정거장 앞에서 미리 대기하기도 해.

생각 2 내가 뚱뚱해서 비좁아서 일어선 건가?

예시 13 샤워를 하고 거울을 들여다보았다.

생각 1 여드름은 아직 큰 변화가 없네. 그래도 주근깨는 많이 좋아졌어. 운동을 해서 그런지 팔다리도 단단해진 것 같아.

생각 2 여드름이 너무 거슬려. 여드름만 아니었어도….

생각 습관을 검토하는
2가지 방법

1

인지적 탈융합

사람들은 대개 자신의 생각과 느낌은 남다르다고 믿는다. 자신의 직감은, 특히 불길한 감은 항상 맞다고 확신한다. 과거를 되짚어보면 분명 틀렸던 적이 있었음에도 다음 번에 드는 생각은 어김없이 사실이라고 믿어버린다. 문제는 '머릿속에 떠오르는 생각＝사실'이라는 경직된 사고 회로가 외모와 관련된 상황에 적용되면 외모 자존감을 위협한다는 점이다. 특히 외모 자존감이 낮은 사람들은 외모와 관련된 모호한 상황에서 부정적으로 생각하는 경향이 있다.[2] 실제로는 외모 평가와 전혀 무관한 상황조차 곡해해서 받아들이는 것인데, 이러한 생각 습관은 단연코 외모 자존감을 움켜쥐는 내부의 적이다.

(예시)

"내가 춤을 추면 동기들은 내가 뚱뚱하고 못생겼다고 비웃을 게 분명하다."

→ "'내가 춤을 추면 동기들은 내가 뚱뚱하고 못생겼다고 비웃을 게 분명하다'라는 생각이 든다."

인지적 탈융합cognitive defusion은 '생각=사실'이라고 단정 짓지 않고 한걸음 물러나 거리를 두고 바라볼 수 있게 해준다. '내가 노래를 부르면 동기들은 내가 뚱뚱하다고 비웃을 것이다'라는 생각을 '분명하다'는 사실로 단정 짓지 않고 생각으로 남겨두어 진위 여부를 검토해볼 기회를 제공한다.

2

생각 회로를 검토해주는 도표 작성하기

외모 자존감이 낮은 사람들의 과거를 살펴보면 실제로 외모를 비난했던 사람들이 종종 존재한다.[3] 외모와 관련된 상황을 부정적으로 해석하는 생각 회로는 어린 시절 외모를 비난했던 누군가에 대한 생각과 감정이 반영된 결과물일지도 모른다.

나이가 들면서 외모 평가는 줄어들게 마련이다. 하지만 외모로 상처받은 기억은 머릿속에 남아 있을지도 모른다. 어깨에 남은 백신 흔적처럼 대수롭지 않은 과거에 불과하면 다행이지만, 아직도 스멀스멀 존재감을 드러낸다면 외모 자존감 회복에 방해가 된다. 모호한 상황에서 무조건 외모 탓으로 돌리고 상대방의 의도를 곡해하는 생각 습관은 대인관계를 훼방하고 에너지를 갉아먹는다. 외모 자존감 회복을 위해서는 과거가 아닌 현재에 집중하려는 의식적인 노력이 필요하다.

부정적인 생각 습관을 교정하기 위해서는 객관적인 검토가 필요하다. 객관적 증거가 없는 생각은 틀릴 가능성이 항상 있다. 틀림없이 내 생각이 맞다고 생각했는데 시간이 지나고 보니 아니었던 것은 오로지 주관적인 느낌으로만 판단했기 때문이다. 아래의 표는 외모와 관련된 상황에서 드는 생각을 분석해준다. 표를 완성하면 주관적인 생각을 객관적으로 검토할 수 있을 것이다.

외모와 관련된 상황	그 당시 들었던 생각	그 생각이 옳다고 믿는 이유	인지적 탈융합	생각이 사실일 가능성 (0~100%)
학원에서 남자애와 눈이 마주쳤는데 나를 향해 씩 웃었다.	내가 못생겨서 비웃은 것 같애.	직감, 중고등학생 때 얼굴이 못생겼다는 얘기를 종종 들었다.	남자애가 '나의 외모가 못생겨서 비웃었다'라는 생각이 든다.	100%는 아니다. 당사자에게 직접 물어보지 않았으니 내 생각이 맞는지 백 퍼센트 확신할 수 없다.

외모와 관련된 상황	그 당시 들었던 생각	그 생각이 옳다고 믿는 이유	인지적 탈융합	생각이 사실일 가능성 (0~100%)
춤을 추는데 도경석과 눈이 마주쳤다. 나를 향해 씩 웃고 있다.	외모 때문에 비웃는구나.	다른 남자애들이 외모 때문에 놀린 적이 있다.	도경석이 '외모 때문에 비웃는구나' 라는 생각이 든다.	50%. 도경석은 평소에 외모로 놀리지 않는 편이었다. 무엇보다 다른 애들이 그랬다고 도경석도 그러라는 법은 없다.

어릴 적 외모 평가는 성숙하지 못한 전두엽과 관련이 깊다. 나이가 들고 전두엽이 성숙하면서 외모 폄하는 줄어들게 마련이다. 물론 외모에 대한 평가가 백 퍼센트 사라지지는 않는다. 따라서 생각 습관을 검토해보았을 때 다른 사람이 외모를 비난한 게 사실일

수도 있다. 그렇다고 너무 상처받을 필요는 없다. 불길한 생각이 사실이어도 어차피 본전이며, 반대로 당연히 맞다고 확신했던 사고 회로가 오작동했다는 한두 가지 사례만 있어도 외모 자존감 회복에 발판이 될 것이다.

외모로 상처받은 기억이 없는 사람은 그리 많지 않다. 또한 외모로 상처받았더라도 대부분은 자신만의 방식으로 외모 자존감을 회복한다. 과거의 아픔이 아직 남아 있어도 시간이 흐르면 그리고 의식적으로 노력하면 소금물처럼 쓰라린 기억의 농도는 희석될 것이다. 과거는 바꿀 수 없지만 외모 자존감은 충분히 변화가 가능하다.

거울 습관

거울은 모든 화장실과 화장실 밖 다양한 공간에 존재한다. 거울 속 자신을 들여다보는 것은 모든 사람의 일과표에 자리한 자연스러운 행동이다. 제아무리 외모에 관심이 없는 사람이라도 아침 외출 전, 저녁 세안 시간에는 거울 속 자신의 모습을 대면한다. 대개는 학교, 직장에서 보내는 낮 시간에도 양치질이나 용변을 보고 손을 씻는 과정에서 거울을 들여다본다. 이러한 사람들에게 거울의 존재 가치는 상당히 심플하다. 사회적 동물로서 요구되는 최소한의 얼굴 위생 확인 그 이상 그 이하도 아닌 물체일 뿐이다. 만약 거울 사용 횟수가 이보다 더 적다면 외모 자존감의 문제를 의심해볼 수 있다. 거울을 볼 기력이 없거나 혹은 자신의 모습이 두려워 의도적으로 회피하는 사람일 것이다.

외모에 관심이 많은 사람들에게 거울은 좀 더 중요해진다. 직장에서 화장을 고치고 앞머리를 점검하기 위해 손거울, 휴대폰 거울을 수시로 꺼내 든다. 이들의 거울 사용은 옆구리 살을 꼬집어보고 팔뚝 굵기를 확인하고 허벅지 둘레를 줄자로 재는 것과 동일한 의미를 지닌 외모 점검 행위다. 비록 외모에 관심 없는 사람들보다는 거울 사용 시간이 길지만 적정선을 넘지는 않는다. 그런데 어떤 사람들은 거울을 마치 생필품처럼 사용한다. 이들은 보유한 거울의 개수, 종류가 남들보다 많고 사용 시간이 길어 약속 시간에 늦거나 기분이 불쾌해지는 등 일상생활에 지장이 많다. 외모 자존감이 많이 낮다면 좋은 거울(외모가 좋아 보이는 거울)과 나쁜 거울(외모가 나빠 보이는 거울)이라는 개념을 가졌을지도 모른다. 그런데 거울 사용 습관은 마치 숨을 들이마시는 폐의 움직임처럼 대부분의 사람이 인식하지 못하고 있어 문제점을 파악하는 것 자체가 극히 까다롭다.

거울의 표면이 외모를 반사해준다면, 거울 습관은 외모 자존감을 일정 부분 비춰준다. 거울 속 자신의 모습이 두려워서 회피하거나 곁눈질로 보는 것은 외모를 부정확하게 인식하여 가상의 두려움을 가중시킬 우려가 있다. 반대로 콤플렉스 부위에 집착하여 과중하게 점검하는 일은 당장의 불안감을 낮춰주는 것 같지만 실제로는 외모 스트레스를 높인다.[4] 거울을 자주 들여보는 것은 뇌 감각피질로 하여금 외모 정보의 과잉 처리를 일으켜 마음속에 자주 아른거리게 한다. 이로 인해 불필요하게 시간을 소모하고 무엇보다 다른 일을 하는 데 방해가 된다.[5] 건강한 거울 습관도 다른 습관과 마찬가지로 적정선을 지키는 것에 달린 셈이다.

거울 습관
표로 작성해보기

아래의 표는 거울 습관을 분석해주는 도표이다. 보유한 거울의 개수부터 사용 시간과 거울이 나에게 미치는 영향을 생각해보자. 표를 완성하면 거울 사용 경향을 명확하게 인식할 수 있을 것이다.

거울 개수	사용 횟수 / 시간	사용 목적	기분의 변화 (-10~10)	나에게 미치는 영향 (-10~10)
2개 (집 화장실 거울, 손거울)	하루 5회 / 5분	위생 점검	0	5 (위생 점검에 도움이 된다.)

거울 개수	사용 횟수 / 시간	사용 목적	기분의 변화 (-10~10)	나에게 미치는 영향 (-10~10)
4개 (화장실 거울, 전신 거울, 손거울, 휴대폰 거울)	하루 20회 / 1시간	외모 점검	-5	-2 (도움이 되지 않는다. 보고 나면 하루 종일 잔상이 남아 기분이 좋지 않다. 거울을 보느라 학교에 지각했다.)

외모 자존감은
표정을 통해 알 수 있다

외모 자존감이 낮은 사람들의 상당수는 겉모습의 변화만이 외모 자존감을 개선시킬 수 있다고 생각한다. 겉모습만 달라지면 외모 자존감이 올라가고 대인관계가 개선되어 궁극적으로 삶의 질이 높아질 거라 믿는다. 외모가 외모 자존감을 결정짓는 충분조건이라고 생각하는 것이다. 하지만 그것의 역도 성립할 수 있다. 다시 말하면 외모 자존감이 외모를 통해서도 드러날 수 있다는 뜻이다.

물론 외모 자존감이 키나 체중계 숫자처럼 분명하게 드러나지는 않는다. 하지만 자신의 외모에 대한 내면의 평가는 몸짓과 얼굴 표정에 반영된다. 외모가 뛰어나지 않아도 외모 자존감이 높은 사람은 외모로는 형언하기 어려운 매력을 전해주며 이로써 주변 사람들을 끌어들인다. 반면 외모 불안을 느끼는 사람들은 경직된 표정을 보이기 쉽다. '다른 사람이 나의 외모를 관찰하고 있지 않나' 자의식 과잉 상태에 빠져 있다. 매 순간순간 평가당한다는 생각은 근육을 긴장시킨다. 얼굴 근육의 긴장으로 표정이 굳어버려 쉽게 다가가기 어려운 인상을 준다. 문제는 워낙 오랜 시간에 걸쳐 형성되었다

보니 당사자는 그 사실을 모른다는 점이다. 주변 사람들은 방어적인 표정 때문에 이들을 대하기 어려워하는데, 정작 당사자는 인식하지 못한다.

표정 습관을 파악하는 방법은 간단하다. 주변 사람들에게 평소 나의 표정이 어떤지 설문 조사를 해보면 된다. 물어보기가 껄끄럽다면 졸업앨범이나 예전에 찍었던 사진을 살펴보자. 졸업앨범의 표정이 미래 행복도를 예언한다는 연구 결과가 있을 정도로 표정 습관은 쉽게 변하지 않는다.[6] 사진 속의 나는 어떤 표정을 짓고 있는가?

한자에서 표정表情이라는 말은 '겉 표'에 '마음 정'이 합쳐진 단어로 얼굴에 드러나는 정서를 의미한다. 기분mood을 생각해보면 쉽게 이해할 수 있다. 우울한 기분은 선글라스처럼 세상을 어둡게 만든다. 기분은 주관적 감정이지만 우리는 상대방이 우울한지 여부를 직감으로 느낄 수 있다. 우울감은 미간의 주름과 기운 없이 축 처진 어깨, 어두운 옷 색깔과 생기 없는 표정 등 겉모습에 투영되기에 관찰을 통해서도 어느 정도 유추해낼 수 있다. 정신과 의사 빅터 프랭클이 아우슈비츠 수용소에서 지낼 당시 날마다 면도를 했던 것도 이 사실을 누구보다도 잘 알고 있었기 때문이다. 외모 자존감도 이와 비슷한 방식으로 외모에 반영된다. 앞서 언급했듯 기분처럼 몸짓과 표정에 담긴다고 생각할 수 있다.

지금까지 살면서 매력을 느낀 친구나 동료가 단순히 겉모습이 예뻐서인지 아니면 다른 무언가가 있었는지를 떠올려보자. 같이 있고 싶고 함께 있으면 즐거운 사람은 예쁜 외모보다 예쁜 표정을 지녔을 가능성이 높다. 얼굴보다는 표정이 외모 자존감의 높낮이를 반영하는 것이다.

표정 습관은
웃음에 반영된다

웃음이 대인관계와 건강에 유익하다는 것은 널리 알려진 사실이다. 웃음을 지으면 기분을 좋게 만드는 세로토닌이 분비된다는 연구도 있다.[7] 웃음은 크게 두 가지로 분류할 수 있다. 상황에 의해 자연스럽게 웃게 되는 '뒤센 미소'와 억지로 짓는 '팬암 미소'. 억지로 짓는 웃음은 왠지 모르게 건강에 그리 유익하지 않을 것 같지만 실은 그렇지 않다. 관련 연구 결과, 억지로 짓는 웃음도 건강에 도움이 될 수 있다고 한다. 이는 감정이 표정을 일으키기도 하지만 역으로 표정이 감정

을 일으킨다는 안면 피드백 가설로 설명할 수 있다.[8]

심장 근육과 달리 얼굴 근육은 의식적으로 조절이 가능하다. 표정이 훈련을 통해 개선될 수 있다는 긍정적 신호다. 다만 웃음을 자연스럽고 수동적인 행위로만 생각하는 고정관념이 웃음 훈련에 방해물이 될 수 있다. 대부분의 사람은 지금까지 재밌거나 기쁠 때만 이차적으로 웃었을 것이고, 의식적으로 웃은 기억은 직장 상사 앞에서 예의상 미소를 보인 게 전부일지도 모른다. 자연스러운 웃음은 좋고, 의식적으로 짓는 웃음은 좋지 않다는 고정관념은 어쩌면 이러한 경험에서 유래했는지도 모르겠다.

이제껏 즐거운 상황에서만 웃었다면 의도적으로 웃어보는 것도 이론적으로는 도움이 될 수 있다. 물론 웃음이 만병통치약이라는 일부 주장처럼 효과를 과장하는 것은 온당치 못하다. 하지만 계속해서 웃는 훈련을 하다 보면 외모 자존감이 높은 사람들의 표정이 당신의 얼굴에도 조금씩 나타나게 될 것이다. 아령 운동을 통해 팔근육이 단단해지듯 웃음 훈련을 통해 사람을 끌어들이는 표정이 나타날 것이다.

●**큰 광대근**_Zygomasticus major muscle_

활짝 웃는 표정 관련 기능

●**작은 광대근**_Zygomasticus minor muscle_

살짝 웃는 표정 관련 기능

●**입꼬리 올림근**_Levator anguli oris muscle_

입꼬리를 올려주는 기능

●**입꼬리 당김근**_Risorius muscle_

보조개를 지을 때처럼 입꼬리를 가쪽으로 당겨주는

기능

●**윗입술 올림근**_Levator labii superioris muscle_

큰 웃음을 지을 때 윗입술을 위로 끌어올리는 기능

●**눈 둘레근**_Orbicularis oculi muscle_

눈꺼풀을 움직이는 기능

●**입 둘레근**_Orbicularis oris muscle_

즐거움, 웃음 표현 기능

●**턱근**_Mentalis muscle_

웃을 때 입술이 벌어지게 하는 기능

운동을 일주일만 쉬어도 팔이나 다리 근육은 약해진다. 마찬가지로 표정 근육도 너무 오랫동안 사용하지 않으면 인상이 경직된다. 아령을 들고 런닝머신을 달리는 것도 좋지만 표정 근육도 한 번쯤은 점검할 필요가 있다.

표정 습관
표로 작성해보기

대부분의 사람은 웃음 훈련을 내키지 않아 한다. 만약 그렇다면 아래 표를 통해 표정 습관이라도 분석해보자. '나도 모르게 찡그린 표정을 짓는 건 아닌지' 하다못해 '하루에 몇 번 웃는지'만이라도 체크해보자. 외모 자존감이 낮은 사람들 중 일부는 아마 하루에 한 번도 안 웃을 것이다.

날짜	웃음 횟수/일	웃음 상황	내가 생각하는 나의 표정
2022년 5월 1일	1회	직장 상사의 농담	웃음이 적고, 다소 경직되어 있다.

운동 습관

외모 자존감이 낮은 사람들 중 일부는 운동을 전혀 하지 않는다. 반대로 운동을 하지 않으면 안 된다는 압박감에 시달리는 사람도 있다. 얼핏 보기에 전자와 달리 후자는 문제될 게 없어 보인다. 자기관리에 철저하고 성실한 사람으로 비칠 수 있다. 하지만 실제로는 후자가 더 위험할지도 모른다. 그들 중 일부는 헬스장에서 역기를 들고 있다.

몸짱이라는 말이 있다. S라인이나 배에 왕 자가 새겨진 사람들을 칭하는 표현이다. 얼짱과 달리 몸짱은 후천적이다. 타고나는 얼굴 외모와 달리 몸매는 개인이 노력하지 않으면 가꿀 수 없다. 그로 인해 몸짱은 당사자의 노력을 인정해주는 분위기다. 헬스 열풍은 이와 무관하지 않다. 여성의 어깨에 날씬함이라는 짐이 주어진다면, 요즘 남성들에겐 근육을 가꾸어야 한다는 은근한 부담감이 있다.

헬스장에 상주하는 근육맨은 외모 자존감이 튼튼해 보인다. 두툼하게 솟은 이두박근과 단단한 대퇴사두근처럼 외모 자존감도 건강하고 우람할 것이라 생각하기 쉽다. 체구가 왜소한 사람들은 이들을 건강, 외모, 외모 자존감 세 마리 토끼를 모두 잡은 승리자로 생각한다. 그런데 헬스장 근육맨들 중 일부는 외모 자존감이 바닥일지도 모른다.

근육질 몸매는 키와 더불어 남성이 여성보다 더 많은 스트레스를 느끼는 몇 안 되는 부위다. 호리호리한 체구를 벌크업하기 위해 남성들은 낑낑대며 무거운 역기를 들어올린다. 근세포가 찢기는 통증을 참아가며 역기를 들지만 팔은 도통 굵어지지 않는다. 처음 몇 달간은 닭가슴살과 단백질 보충제를 먹으며 무산소 운동을 해보지만 주변의 근육맨들로 인해 이내 열등감에 사로잡힌다. 단백질 보충제로는 도통 성이 차지 않고, 다른 사람의 왕자를 보며 고심하다가 이윽고 스테로이드의 유혹에 넘어간다. 식습관 개선과 운동 대신 다이어트 약을 복용하는 여성들처럼 외모를 위해 지름길을 택하는 것이다. 그렇게 만들어진 근육을 보며 당장은 만족감을 느낄지도 모른다. 하지만 이들의 만족감은 견고한 자존감에 바탕을 둔 게 아니다 보니 쉽사리 무너지고 두려움에 시달리기를 반복한다. 언제부턴가 이들은 운동을 하지 않으면 불안해진다. 건강과 몸을 키우기 위해 운동하는 게 아니라 운동을 안 하면 고통스럽고 초조해서 하게 된다.

인터넷상에서 보디빌더의 몸을 본 적이 있을 것이다. 근육맨을 넘어 괴력맨이 된 보디빌더의 몸은 대단하다는 생각과 함께 다소 과하고 징그럽다는 느낌도 든다. 팔 혈관이 불거질 정도로 괴력적인 몸의 비결 중 하나는 아나볼릭 스테로이드이다. 적지 않은 보디빌더들이 투여했다고 밝혀진 이 약은 야구선수 배리 본즈가 메이저리그 홈런 신기록을 세우게 해준 마법의 약물이기도 하다.

스테로이드는 금기 약물이다. 프로 운동선수들에게 스테로이드 복용을 금기시하는 이유는 크게 두 가지다. 첫째는 그 사람의 한계치 이상으로 운동 능력을 끌어올리기 때문이다. 합법적으로 인정되는 약물과의 결정적인 차이점이기도 한데, 예컨대 수험생이 복용하는 청심환 같은 경우는 본래 실력을 발휘할 수 있게 도와줄 뿐이다. 스테로이드 복용이 금지된 또 하나의 이유는 운동선수들을 보호하기 위해서다. 크게 부작용이 없는 청심환과 달리 스테로이드는 온몸 구석구석에 부작용을 일으킬 우려가 있어 도핑 약물로 지정되었다.

근육이형증

신체이형장애의 아형*subtype* 중에 근육이형증*muscle dysmorphia*이라는 질환이 있다. 이들은 실제 체구가 왜소하지 않은데도 근육이 부족하다고 오인하며 강박적으로 운동을 한다. 문제는 이들 또한 거식증처럼 당사자가 자신의 문제를 인식하지 못한다는 점이다. 설상가상으로 주변에서 치료를 부추기는 섭식장애와 달리 이들의 겉모습은 너무나도 튼튼해 보인다. 얼핏 보기에는 몸짱이기 때문에 헬스장에 방치될 우려가 있는 셈이다.

헬스클럽에서 땀방울을 흘리는 사람들 중에는 외모 자존감이 높은 사람도 있지만 외모 자존감이 낮은 사람도 섞여 있다. 겉으로는 구분이 불가능하다. 이들을 구별하는 건 역기의 무게나 이두박근의 두께가 아니라 일관성이다. 외모 자존감이 건강한 사람은 외모 외에도 몸의 여러 가지 측면(건강, 기능 등)을 신경 쓴다. 외모가 불만이어도 스테로이드나 이뇨제를 복용하지 않는다. 열등감을 느끼는 부위를 개선하고 싶더라도 몸에 해가 되지 않는 방법을 선택한다. 외모 자존감은 몸에 대한 존중에서 출발한다는 점을 은연중에 인식하고 있기 때문이다.

운동의 목적은 사람마다 제각각이다. 마른 체형이 고민이라면 헬스클럽에서 아령을 들 것이고, 과체중이 걱정이라면 유산소 운동 위주로 프로그램을 짤 것이다. 뱃살이 고민이라면 틈틈이 산책하고 걷는 시간을 늘릴 것이다. 그럼에도 불구하고 공통의 목적이 있다면 바로 건강 증진이다. 팔뚝의 굵기나 뱃살 유무와 무관하게 땀을 흘리고 나면 건강해지는 느낌에 기분이 좋아진다. 외모 자존감이 건강한 사람이라면 절대로 몸을 해치면서까지 운동하지 않는다. 반면 그렇지 않은 사람들도 있다. 근육질 몸매에 집착하는 남성들처럼 마른 체형을 소망하는 일부 여성은 지나칠 정도로 운동에 몰입한다. 이들은 완벽주의적인 성향을 지닌 터라 남들보다 빨리 체중을 뺀다는 사실에 희열을 느끼기도 한다. 오롯이 체중과 체형에만 초점이 맞춰졌기 때문이다. 문제는 강박적인 운동을 통해 실제 체중 변화가 있더라도 외모 자존감의 상승은 기대보다 덜하고, 장기적으로는 외모와 외모 자존감 모두를 해친다는 점이다.

외모 자존감은 겉모습으로 정해지는 게 아니다. 오히려 주관적 인식과 건강함, 일상의 즐거움이 더 크게 작용한다. 실제로 외모 관리를 목적으로 한 운동이 건강이나 즐거움을 위한 운동보다 외모 자존감에는 덜 유익하다는 연구 결과가 있다.[10] 외모가 완벽에 가까워야 한다는 압박감에 짓눌리니 겉모습에 만족하기란 쉽지 않을 것이다.

운동 습관
점검하기

1

외모 자존감에 이롭지 않은 운동

부상을 입을 정도로 과한 운동, 적절한 휴식이나 영양 섭취 없이 하는 운동, 오직 음식을 섭취하기 위한 칼로리 통제 목적의 운동, 스스로를 해치려는 목적의 운동, 다른 중요한 영역(연애 등 대인관계, 직장생활)을 포기할 정도의 올인성 운동, 죄책감이나 수치심에 시달리면서 하는 강박적인 운동, 바디 프로필을 위한 벼락치기 운동, 주변 사람과 몸매를 비교하면서 하는 운동 등이 이에 속한다.

나만의 표로 작성해보기

아래의 표는 운동 습관을 점검해주는 도표이다. 표를 통해 운동이
나에게 주는 영향을 체계적으로 분석해보자. 외모 자존감에 이로
운 운동과 해로운 운동을 분간할 수 있을 것이다.

운동 종류	동기 (의무적/ 선택적)	운동 시간	외모에 주는 영향 (-10~10)	일상에 미치는 영향 (-10~10)	바디 시그널 (통증)
달리기	선택	30분/회, 3회/주	2	2	×
웨이트	의무	2시간/회, 5회/주	3	-7	○

식사 습관

다이어트는 규범화되었다. 거의 모든 여성과 남성이 다이어트를 해야 한다는 압박감을 느낀다. 수많은 사람이 체중으로 스트레스를 받지만 동시에 적정선을 지킨다. 이따금씩 고칼로리 정크푸드를 먹고 야식을 통제하지 못하는 자신을 책망하고 가끔 굶기도 하지만 〈내 아이디는 강남미인〉의 현수아처럼 먹토(음식을 먹은 후 체중 증가를 막기 위해 인위적으로 구토를 유도하는 것)를 하지는 않는다. 음식으로 스트레스를 받기도 하나 외모 자존감이 건강한 사람에게 섭식은 고통보다 즐거움을 주는 행위이다.

다이어트가 준의무가 된 요즈음, 사람들의 최대 관심사 중 하나는 최소한의 노력으로 최대한의 살을 빼는 것이다. '연예인들의 다이어트법', '살 빼는 비결', '두 달 만에 살 빼기' 등의 문구는 많은 사람의 관심사이고, 이는 다이어트 유튜버들의 높은 구독자 수를 통해 유추할 수 있다.

사실 다이어트의 정석은 누구나 알고 있다. 아마도 정석대로 운동량을 늘리고 식사량을 줄이는 방법을 해보지 않은 사람은 없을 것이다. 하지만 수학의 정석을 가졌다고 해서 수학 점수가 오르는 게 아니듯 이 방식은 효과가 더디다. 조금이 아니라 많이 더디다는 게 문제이다. 설령 체중이 감소해도 일정 수준을 지나면 감량의 폭이 줄어들고, 주변의 유혹으로 어쩌다 한 번 고칼로리 음식을 섭취하면 금세 원상 회복된다. 그렇게 요요현상이라고 불리는 체중계의 시소놀음이 몇 차례 반복되다 보면 절식과 폭식, 스트레스에 시달리는 자신을 발견하고 다른 방법을 찾아 나서게 된다.

다이어트법의 종류가 헤아리기 힘들 정도로 다양한 것은 그만큼 체중 관리가 어렵기 때문이다. 날씬한 몸매를 갖추고는 싶은데 잘 안 되니 성공한 사람들의 비결을 찾아보게 된다. 초저열량식부터 덴마크식 다이어트, 황제 다이어트, 고단백질 식이요법, 저탄수화물 고지방 다이어트, 저열량 고탄수

화물 식이요법, 원푸드 다이어트(바나나, 사과, 두유, 탄산음료 등), 간헐적 단식 등 기상천외한 방법들은 그만큼 많은 사람이 식욕이라는 본성과 외모지상주의라는 현실 사이에서 고뇌한다는 것을 시사한다.

섭식장애 신조어

프로아나(pro+anorexia의 준말로 거식증을 찬동한다는 뜻), 개말라(키에서 몸무게를 뺀 수치가 120 이상인 사람), 뼈말라(키에서 몸무게를 뺐을 때 125 이상인 사람), 먹토(먹고 토하기의 준말)나 씹뱉(씹고 뱉기) 등은 모두 섭식장애 관련 신조어들이다.[11] 이들은 누구보다도 체중에 민감한 사람들이다. 대부분의 사람이 체중계 숫자에 일희일비하지만 이들은 기분 변동의 폭이 훨씬 크고 살찐 느낌에 민감하다. 남들보다 칼로리를 엄격하게 제한하고 체중을 관리하는 자신의 완벽주의적인 모습에서 승리감 혹은 안도감을 느낀다. 이들은 누구보다도 체중 조절에 특화된 식사 습관을 가졌으며 겉모습과 달리 음식에 대한 관심이 많다. 요리와 패션 관련 유튜브를 보는 시간이 많고, 외모와 관련된 얘기가 들리면 누구보다도 재빨리 안

테나를 조정한다. 체형과 체중을 조절하는 데 쓰는 시간의 양이 남들보다 많다 보니 함께하는 식사 자리를 비롯한 일상의 즐거움을 느끼는 시간의 총량은 줄어 있다.

정신의학적으로 섭식장애의 원인 중 하나로 사회문화적 요인을 꼽는다. 마른 체구를 예찬하고 비만인 사람들에게 채찍질을 가한 결과가 거식증과 폭식증일 수 있다. 통계적으로 섭식장애의 발병률은 남성보다 여성이 월등히 높다. 외모 부담이 여성에게 더 큰 것과 유관한데, 날씬한 여성들이 누리는 특혜를 보며 은연중에 '날씬한 몸매＝성공＝행복'이라는 메시지를 전달받았을지도 모른다.

〈내 아이디는 강남미인〉에서 현수아의 외모 점수는 100점이다. 타고난 외모 천재인 그녀는 성격도 털털하여 신입생 환영회 때 학과 여신으로 등극한다. 그런데 완벽한 외모, 높아 보이는 외모 자존감과 달리 실제 내면은 그렇지 못했다. 주변 사람들이 이를 파악한 것은 식사 습관을 통해서였다. 현수아는 체중을 조절하기 위해 먹토를 하다가 주인공과 선배들에게 들킨다. 먹토의 표면적 목표는 체중 조절이지만, 뿌리는 외모에서 우위를 점하지 못하면 다른 사람들에게 버림받을 것이라는 어린 시절 마음 아픈 기억에 있었다.

이처럼 외모에는 일시적으로 도움이 되지만 건강한 신

체 이미지와는 관련 없는 습관들이 있다. 폭식, 먹토를 비롯하여 체중을 줄이려는 목적으로 변비약이나 이뇨제 복용, 극단적인 방식의 다이어트가 대표적이다. 최근 유행하는 바디 프로필 또한 적절하게 시행하지 않으면 건강한 신체 이미지 형성에 방해가 된다. 겉보기에 예쁘고 건강한 사진을 찍기 위해 극단적인 다이어트를 하거나 약물을 집어삼키는 벼락치기 외모 관리는 결국 외모 자존감에 해를 끼친다. 외모는 몸의 한 측면이고, 외모 자존감의 기본은 몸을 존중하는 행동이기 때문이다.

현수아처럼 외모로 선망의 대상이 되지 못하는 것에 두려움을 느끼는 사람들이 있다. 이들은 SNS의 댓글과 팔로워 숫자, 길거리 헌팅 횟수에 일희일비한다. 현수아처럼 외모에 집착하게 된 마음 아픈 기억이 있든 아니면 다른 사연이 있든 중요한 건 과거가 아니라 지금부터다. 현재 외모 자존감이 높은 사람들도 과거에는 그렇지 못한 경우가 상당수였으니 지금부터라도 신체 이미지에 유해한 습관들을 정리해보자. 미래의 외모, 외모 자존감을 위해서.

●**건강하지 못한**_unhealthy_ **식사 습관**   금식, 초저칼로리 식이, 다이어트 목적으로 흡연

●**극도로 건강하지 못한**_extremely unhealthy_ **식사 습관**   먹고 토하기, 체중을 조절하기 위해 유해한 약물 사용(하제, 이뇨제 등)

●**위험 징조(저체중으로 인한 이차적인 문제)**   무월경, 무기력함, 집중력 저하, 어지럼, 탈모, 툭 튀어나온 뼈(어깨, 골반), 근력 저하

위에서 언급한 식사 습관이나 징조에 해당 사항이 있다면 책을 덮고 전문가를 찾아가야 한다. 섭식장애는 외모 자존감의 문제이기도 하지만 그것을 훨씬 넘어선 문제이기 때문이다. 얼핏 보기에 이들의 문제는 단순히 식사 습관 하나뿐인 것 같지만, 내면의 상처는 깊은 물 속에 잠긴 빙하처럼 규모가 비대하다. 먹토라는 빙하의 표면 아래에는 먹토를 하게 된 과거의 기억들이 암석처럼 자리잡고 있을 것이다.

작품 후반에 현수아는 심리치료를 받는다. 그리고 도경석에게 정말로 좋아해서 고백한 게 아니었다고 털어놓는다.

평소와 달리 향수를 뿌린 채로. 의학적으로 섭식장애는 치료가 가능하나 그 과정이 쉽지만은 않다고 알려져 있다. 하지만 가장 중요한 관문을 통과해낸 현수아라면 나머지 과정도 잘 해낼 수 있지 않을까 조심스럽게 짐작해본다.

SCARED 습관

얼굴이 기형적인 사람들이 있다. 이들 중 일부는 태어날 때부터 기형이 있던 사람들이다. 반면 후천적으로 외모에 트라우마를 입은 사람도 있다. 선천적이든 후천적이든 외모 기형은 당사자에게 어려움을 준다. 특히 예기치 못하게 발생한 후천적 사고는 수십 년간 머릿속에 자리잡은 신체 이미지의 급격한 변동을 동반한다는 점에서 결정적인 차이가 있다.

얼굴은 몸의 다양한 기능과 정체성이 집합된 특별한 부위다. 안면부 트라우마를 일으킨 사고나 질병은 건강과 기능(시력, 청력, 치아, 후각, 호흡, 발성 등)에도 악영향을 줄 수 있다.

겉모습의 변형이 숨결보다, 몸의 기능보다 우선시될 순 없겠지만 삶의 질을 떨어뜨리는 변수인 것은 사실이다. 교통사고, 폭행, 화상으로 거울 속 외관이 일순간 격변한다는 것은 누구에게나 받아들이기 힘든 경험이다. 수용과 적응에 오랜 시간이 필요할 수 있다. 비단 외상적 사고가 아니더라도 신체 이미지가 부정적으로 급변한다는 점에서 일부 질병도 비슷한 심리적 충격을 줄 것이라 사료된다. 다음은 외모 기형을 초래할 수 있는 대표적인 질환들이다(외모 기형을 일으킬 수 있는 질병은 너무나도 많아 여기선 일부만 언급하고자 한다).

●**선천적 원인** 구순구개열, 반안면왜소증, 크루존증후군, 체루비즘, 트리처콜린스증후군, 신경섬유종, 혈관 기형, 신체 부위 결손 등. 일부 선천성 기형은 몸의 기능에도 영향을 주는데, 특히 신경계 합병증이 동반될 수 있다.

●**후천적 원인** 사고(교통사고, 추락, 화상 등)로 인한 변형, 폭행 등 고의적인 타해로 인한 변화, 질병(한센병, 패리롬버그증후군, 항암제로 단기간에 발생한 탈모증 등)으로 인한 겉모습의 변화는 대개 평범하게 살던 사람에게서 예기치 못하게 일어나기에 심리적 충격이 클 수 있다. 거울에 비친 자신의 모습이 일변한다는 것은 누구에게나 충격적인 사건이다.

암과 외모 자존감

'암'이라는 단어를 들었을 때 연상되는 것 중에 탈모가 있다. 20세기와 달리 항암치료제의 작용기전이 다양해지고 효능도 좋아졌지만, 일부 항암제는 여전히 탈모 부작용이 발생한다. 3명 중 1명이 암에 걸리는 시대가 되면서 암 치료 성적도 나날이 발전하고 있다. 동시에 항암제 부작용으로 신체 이미지를 위협받는 사람들도 더러 있다. 물론 숨결보다 외모가 더 중요하다고 말할 수는 없다. 하지만 일부 환자에게서 구토나 불면 같은 항암치료 부작용보다 탈모를 더 걱정한다는 보고는 신체 이미지의 역할에 대해서 다시 한번 생각하게끔 한다.

암이라는 진단이 내려진 순간 당사자는 충격을 받는다. 3명 중 1명꼴로 현저한 디스트레스를 경험한다.[13] 그중에서도 일부 암은 건강과 외모, 외모 자존감을 단번에 격추시키는데 유방암이 대표적이다. 유감스럽게도 대한민국의 유방암은 서구에 비해 젊은 층에서 호발한다는 통계가 있다.[14] 과거에 비해 치료법이 발전되었다지만 유방암 진단과 동시에 당사자는 미로처럼 복잡한 스트레스에 갇히게 된다. 죽음의 가능성, 암 환자라는 낙인, 경제적 부담, 직장, 가족, 재발과 후유증에 대한 염려에다 젊은 나이라면 임신 계획까지 걱정할 수 있다.

앞서 언급한 다층적인 어려움 외에도 유방암은 다른 암과 차별화된 또 하나의 디스트레스를 일으킨다. 여성성을 상징하는 유방이 소실된 모습에 자신감을 잃고 다른 사람에게 탄로날까 봐 평퍼짐한 옷을 입거나 브래지어에 보형물을 넣어 위장하기도 한다. 공중목욕탕에 가지 못하고 성생활에서 자신감을 잃어버리며 설상가상으로 탈모까지 겹친다면 외모 자존감은 무너져 내릴 것이다.

최근에는 신체 이미지에 대한 악영향을 최소화하기 위해 유방외과에서 유방절제술을 하고 마취된 상태에서 곧바로 성형외과 의사가 유방재건술을 진행해 심미적인 충격을 최소화하는 다학제적 접근이 시행되기도 한다. 과거의 암 치료가 생사의 갈림길에만 초점을 두었다면 근래에는 신체 이미지의 중요성에 대한 인식이 점점 더 늘고 있다. 또한 상당수의 대학병원에는 암 스트레스 클리닉이 개설되어 있다. 스트레스가 일정 수준을 넘어선 경우에는 암 스트레스 클리닉을 이용하는 게 심리적 고통뿐만 아니라 치료 예후에도 도움이 된다는 연구들이 있다.[15]

대인관계를 방해하는
SCARED증후군[16]

외모 트라우마를 겪은 당사자들은 악몽에 시달리고 예민해진다. 시간이 지나 심리적 충격이 희석되어도 외모 트라우마로 인한 SCARED증후군은 일반적인 트라우마와 달리 오랫동안 지속될 수 있다. 특히 새로운 사람을 만날 때 어려움을 느낄 수 있다. 증상이 심하면 외출에 두려움을 느끼고 고립될지도 모른다.

	트라우마 당사자의 감정	트라우마 당사자의 행동
S	Self-conscious(자의식 과잉)	Shy(수줍은)
C	Conspicuous (기형이 확실히 보인다고 느낌)	Cowardly (겁이 많은)
A	Angry, Anxious (화가 난, 불안한)	Aggressive (공격성 증가)
R	Rejected (거절당할 것이라 느낌)	Retreating (뒤로 물러서는)
E	Embarrassed(당황스러운)	Evasive(회피적인)
D	Different(다르다는 느낌)	Defensive(방어적)

외모 트라우마는 당사자뿐 아니라 주변 사람들의 언행에도 영향을 준다. 얼굴이 담당하는 역할(감정 소통, 정체성, 매력)이 기형과 함께 변형되면서 상대방의 태도 변화가 나타나는 것이다. 외모 심리학적으로 뛰어난 외모가 유능하고 지적이고 건강한 인상을 주는 반면 기형적 외모는 신뢰감이 떨어지고 정직하지 못하다는 인상을 줄 수 있다. 이러한 요인들로 인한 주변 사람들의 태도 변화는 당사자가 생전 처음 겪는 현상이기에 적응에 어려움을 야기한다.

	주변 사람의 감정	주변 사람의 행동
S	Sorry, Shocked (미안하고 충격적)	Staring, Speechless (응시하는, 말이 없는)
C	Curious, Confused (호기심을 보이는, 혼란스러운)	Clumsy(어설프게 행동하는)
A	Anxious (불안한)	Asking, Awkward (질문하는, 곤란한)
R	Repelled (반발적인)	Recoiling, Rude (뒷걸음질 치는, 무례한)
E	Embarrassed (당황스러운)	Evasive (똑바로 보려고 하지 않는)
D	Distressed(걱정하는)	Distracted(산만한)

외모 트라우마를 입은 시기도 SCARED 습관에 영향을 준다. 예컨대 15살에 입은 화상과 45살에 입은 화상은 심리사회적인 영향력과 수용 능력에 있어 차이가 크다.

외모 트라우마 회복에
방해되는 습관들

●**사회적 고립** 유명 소설가 파울로 코엘료는 '배는 항구에 있을 때 가장 안전하지만, 항구에 머물기 위해 만들어진 것은 아니다'라는 말을 남겼다. 사람도 마찬가지다. 외모 트라우마가 발생하면 집에 고립되는 사람들이 적잖다. 이들에게 있어 집은 외모 트라우마로부터 안전 장소가 된다. 하지만 코엘료의 배처럼 사람도 영원히 집에만 있을 수 없다. 불안이 심할 때는 집에 머물거나 병원에 입원하는 게 도움이 되지만 어느 정도 마음의 준비가 되면 서서히 알을 깨고 나오는 것도 고려해야 한다. 활동 반경이 집으로 국한된다는 건 곧 사회적 소실을 뜻하며 트라우마 치료의 일반적 지침 또한 일정 수준 회복하면 일상으로 돌아가기를 권유한다.

●**자기 파괴적인 행동** 트라우마에 압도되어 음주량이

늘어나거나 몸에 상처를 내는 것은 깊은 늪처럼 회복을 지연시킨다. 분노에 짓눌려 욕설을 하고 물건을 부수는 행동은 주변 사람들을 멀어지게 하여 자괴감을 가중시킨다. 인터넷(키보드 워리어)이나 음식(폭식)도 분노의 해소구로는 그리 바람직하지 않다. 자신과 타인을 해치지 않는 감정 해소법을 찾아야 한다.

●**불필요한 죄책감** 외모 트라우마를 카르마 혹은 업보로 곡해하는 사람들이 있다. 이들은 사고 당시 하지 않았던 행위를 책망하거나 과거의 잘못 혹은 전생의 업보에 대한 죄값을 받는 거라고 자신을 비난한다. 아기가 기형으로 태어났을 때 일부 부모들이 자신을 탓하는 것도 이와 유사한 현상이다. 유감스러운 일이다. 외모 트라우마만으로도 힘겨운데 불필요한 죄책감마저 더해지니 고통은 배가될 수밖에 없다. 하지만 질병과 재난은 인격과 연관성이 없다. 모두에게 존경받는 사람이 난치병에 걸리고 사고를 당하고 고통받는 것은 아무리 생각해도 인과응보로 설명이 불가능하다. 단순히 운이 안 좋았던 것뿐이니 불필요한 죄책감만큼은 느끼지 않기를 바란다.

●**외모에 대한 기존 가치관** 기존의 외모에 대한 가치관은 외모 트라우마를 받아들이는 데 영향을 준다. 질병이나

상해 이전에 외모의 중요성이 높았다면 타격도 클 수밖에 없다. 이와 유사하게 기형아를 낳은 부모가 아이의 모습을 수용하는 데도 출산 전 외모에 대한 가치관이 영향을 미친다. 기형적인 외모에 대한 부정적인 인식이 컸다면 수용 장벽도 높을 것이다.

●**심리치료, 정신건강의학과 진료의 장벽** 가벼운 감기는 충분한 휴식과 영양 공급으로 회복될 수 있지만 폐렴은 병원에서 치료를 받아야 한다. 외모 자존감의 상처도 이와 유사하다. 스트레스 수준이라면 스스로 노력해볼 수 있지만 일상에 지장을 주는 트라우마라면 전문적인 치료를 받는 게 효과적이다. 심리 전문가들은 최선의 방법을 제시할 것이다. 여타의 질환처럼 트라우마 치료도 빠르면 빠를수록 결과가 좋다.

SCARED증후군을 희석하는
친밀성의 원리
═══════════

기형이 있는 사람이라면 대부분 외모로 거절당한 경험이 있을 것이다. 상대방이 얼굴을 보고 깜짝 놀라거나 외모를 보고 수군거리거나 본인을 멀리하는 듯한 느낌을 받았을 것이다. 가슴 아픈 기억이지만 뇌과학적으로 어쩔 수 없는 일이기도 하다. 기형이 있는 외모를 보면 뇌의 편도와 섬엽이 활성화되어 불안 반응이 일어나기 때문이다. 유감스럽게도 사람의 뇌는 첫 만남만으로 상대방의 내면을 파악할 수 없게 설계되었다. 다른 사람의 내면을 알아차리지 못하고 기형적 외모에 민감하게 반응해버린 뇌로 인해 상대방은 SCARED증후군을 경험하게 된 것이다.

외모로 배척당한 과거는 분명 가슴 쓰라린 기억이다. 어쩌면 아직도 가슴속 어느 깊숙한 곳에 흉터로 남아 있을지도 모르겠다. 한 가지 중요한 사실은 SCARED증후군은 영원하지 않다는 점이다. 아무리 위험해 보여도 자주 접하고 실제로 위험하지 않다는 걸 뇌가 깨달으면 편도의 반응도 안정화된다. '외모 기형 = 위험하지 않다'는 경험이 누적되고 축적되면 처음에 뇌가 가졌던 기형에 대한 본능적 두려움과 불안 반응이 희석되기 때문이다. 계속해서 만나게 되면 친밀성의 원리에 의해 뇌가 기형적 외모에 익숙해지는 것이다.

단, 친밀성의 원리가 적용되기 위해서는 일정 수준의 시간과 긍정적인 외모 자존감이 전제되어야 한다. 첫 만남에서 필연적으로 수반되는 SCARED 반응(눈빛, 제스처, 말, 행동)이 버거운 나머지 견디지 못하고 피하게 되면 상대방의 뇌가 익숙해질 기회를 갖지 못한다. 아픈 과거를 반복하기 않기 위해 매사 예민하고 고슴도치처럼 방어적인 태도와 경직된 표정을 보이면 상대방의 뇌가 접근하기 어려워한다. 자신과 타인의 SCARED 습관은 결코 당신의 잘못이 아니지만 '외모 기형이 있으면 상대방에게 거절당할 것이다'라는 뇌과학적으로 온당치 못한 생각에 갇히면 과거는 되풀이될 수밖에 없다.

불안한 마음을
다스리는 안정화 기술

쓰나미를 겪고 나면 파도 소리에도 불안감을 느끼게 된다. 실제로는 위험하지 않은데도 사고 장면이 자꾸 떠오르며 마음이 동요할 수 있다. 특히 거울에 비친 변형된 외모를 보면서 사고 당시가 생생하게 연상될지도 모른다. 트라우마처럼 거대한 충격에 머릿속이 사로잡히면 그 어떤 조언과 위로도 들리지 않는 법이다. 이럴 때는 우선 마음을 진정시킬 필요가 있다. 트라우마로 불필요하게 예민해졌다는 걸 깨우쳐주기보다 일단 따뜻한 토닥임으로 마음을 안정시켜야 한다.

나비포옹법

괴로운 장면이 떠오르거나 몸이 긴장될 때,

●오른손은 왼쪽 어깨에, 왼손은 우측 어깨에 올린다.

●마음이 진정될 때까지 좌우를 번갈아 가며 어깨를 토닥토닥한다.

●과거에 아무리 힘든 일이 있었어도, 지금 현재 위험한 것은 아니라는 걸
나에게 들려준다.

외모 자존감을 지키는
11가지 방법

이론과 달리 실제로 외모 자존감을 높이는 건
그리 간단하지 않다. 40점짜리 외모 자존감을 70점으로
끌어올리는 일은 그 누구라도 장시간이 소요되는
지난한 과정이다. 외모 자존감의 쌍두마차인 외모와
자존감 모두 쉽게 개선할 수 있는 게 아니기 때문이다.
문제는 즉각적인 보상이 없다 보니 '나는 역시 안 되는구나'
하면서 체념하는 사람들이 있다는 점이다.
이는 대한민국 사람들 모두가 공부 잘하는 법과
다이어트의 정석을 알지만 당장의 성과가 없으니
작심삼일로 끝나는 것과 유사한 현상이다.
40점짜리 외모 자존감을 70점으로 끌어올리는 근본적인
회복법과 달리 외모 자존감을 보호하는 기술은
비교적 효과가 빠르다.

외모 자존감이 마음의 체력이라면 심리 기술은 체력 점수가
올라갈 때까지 곁에서 지켜주는 호위 무사라 할 수 있다.
외모 자존감이 똑같이 40점이라도 마음을 보호하는 기술이
뛰어나면 이전보다 타격을 덜 받는다.
기술의 효과 정도는 사람마다 다르다.
외모 자존감이 떨어진 원인, 당사자의 성향, 상황 등
여러 요인의 영향을 받기 때문이다.
모든 기술을 익힐 필요는 없다.
즉각적으로 활용할 수 있는 한두 가지 기술로 효과를
체감한다면 외모 자존감 회복의 길을 걸어갈 자신감이
생길 것이다. 기술의 일부는 초중반부에서
이미 제시했으므로 6장에서는 추가적인 기술과 더불어
외모 자존감을 회복하는 방법에 대해 알아보고자 한다.

주변의
말과 시선에
대처하는 법

　'페이스펙'이라는 신조어가 있다. 얼굴을 뜻하는 face와 학점과 토익으로 대변되는 스펙을 합친 말로 면접을 앞둔 취준생들이 사용하는 표현이다. 중요한 면접이 예정된 사람들은, 특히 여성들은 이미지 컨설팅이나 전문 메이크업을 받곤 한다. 이는 초두 효과로 널리 알려진 첫인상의 중요성을 고려한 결정일 것이다.

　외모 심리학적으로는 지원자와 면접관 모두의 관점이 이해가 된다. 면접관의 입장에서는 단 한 번의 면접으로 직원을 뽑아야 하는데 제아무리 통찰력이 뛰어난 사람이라도 외모 외의 정보는 파악하기 쉽지 않다. 소위 말하는 인성이나 내면의 아름다움을 느끼기에 10분 남짓한 시간은 너무나도 짧기 때문이다. 면접관은 알게 모르게 외모를 반영하게 되고, 이를 간파한 지원자들은 페이스펙을 꾸민다. 다시 말해 외모 관리는 합격률을 최대한으로 끌어올리는 외모지상주의에서 살아남기 위한 합리적 전략에 가깝다.

외모지상주의의 영어식 표현인 '루키즘*lookism*'은 1970년대 미국에서 처음 사용되었다. 외모가 성별, 종교, 인종처럼 차별 요소가 되고 사적인 관계를 넘어 취업이나 승진 같은 공적인 영역에까지 영향을 미친다는 뜻이다.[1] 엇비슷한 스펙인데 만약 페이스펙으로 당락이 갈린다면 외모지상주의를 의심해볼 수 있다. 그런데 어떤 사람은 외모로 인한 감점이 남들보다 클 수 있다. 외모의 결손이 누가 봐도 명백하다면 업무에 지장이 없어도 면접에서 감점을 받을 수 있고, 특히 서비스업에 종사하려 한다면 글자 그대로 페이스펙이 핸디캡이 될지도 모른다. 당연하게도 이들은 외모 자존감이 위협받고 있을 가능성이 매우 높다.

많은 연구들이 눈에 띄는 외모 기형으로 인한 심리적 어려움에 대해 보고한 바 있다. 화상으로 인한 안면부 반흔, 사고로 인한 안면부 결손, 중증 백반증이나 건선 같은 의학적

질환까지 종류는 다양하다. 외모 기형이 있는 사람들의 어려움은 의학적 원인과 관계없이 유사한 점이 많다.[2] 외모는 대인관계의 시발점이다. 부위와 관계없이 겉모습에 기형이 있으면 다른 사람들의 불필요한 관심을 받게 될 가능성이 있다. 그로 인해 대인관계가 부담스럽고 특히 처음 사람을 만날 때 어떻게 해야 하나 막막함을 느낄 수 있다. 고충이 극심하다면 두문불출할지도 모른다. 그런 사람들은 외모 심리학적으로 다음과 같은 방법을 고려해볼 수 있다.[3]

위장술

기형이 있는 사람들은 종종 해당 부위를 감추는 방법을 사용한다. 탈모가 심한 사람은 가발을 쓰고, 백반증을 앓는 사람은 메이크업으로 흰색 반점을 감춘다. 누군가는 흉터를 가리기 위해 계절에 관계없이 긴 소매 옷을 입고, 다른 누군가는 의안을 장착한다. 위장술*camouflage*은 외모 기형을 숨겨 다른 사람이 인식하지 못하게 하는 방법이다. 만약 주변의 질문이나 시선이 많이 걱정된다면 가장 현실적인 대책이 될 것이다.

질문에 효과적으로 대처하는 대화 기술

위장술은 외모 기형의 고충을 줄이는 효과적인 방법이

지만 사용할 수 없는 경우도 있다. 기형 범위가 너무 넓으면 위장 자체가 불가능하다. 그런 경우에는 외모의 이상이 다른 사람에게 노출되고, 기형에 대한 질문이 들어올 가능성을 차단하지 못하게 된다. 아직 기형에 적응하지 못한 사람들에게 이러한 질문은 돌멩이처럼 아프게 느껴질지도 모른다.

외모에 기형이 있는 사람들은 외모에 대한 질문이 들어올까 봐 전전긍긍하며 자의식 과잉 상태에 빠지기 쉽다. 처음 만나는 사람들이 기형에 대해 언급할까 봐 심신이 긴장되니 대화 상황이 불편하고 부담스럽다. 대화 도중 상대방이 고개를 갸웃거리며 "얼굴은 왜 그런 거예요?"라고 물으면 당사자의 머릿속은 혼란에 빠진다. 어느 정도 예상은 했지만 정작 질문이 들이닥치면 가슴이 쿵쾅거리고 식은땀이 나면서 '어떻게 얘기를 해야 하나' 눈앞이 캄캄해진다.

이런 상황에서는 두 가지를 기억해야 한다. 우선, 스스로 조절할 수 있는 것을 알아야 한다. 앞선 경우처럼 상대방이 외모 기형에 대해 얘기를 꺼내는 것은 기형 당사자가 조절할 수 없는 일이다. 그러나 상대방의 이차적인 질문은 첫 질문에 대한 대답을 통해 어느 정도 조절할 수 있다. 마치 탁구나 테니스에서 공이 들어왔을 때 내가 받아치는 방향과 각도, 힘의 정도에 따라 공의 궤적이 달라져 상대방의 대응이 달라지는 것과 유사한 원리다. 또 한 가지 중요한 건 당사자가 상황에 대한 통제감을 느껴야 한다. 외모 기형이 자명하다면 어느 정도의 질문은 피하기 어려울지도 모른다. 문제는 그럴 때마다 대화 상황을 회피하면 스트레스 지수가 쌓이고 일상에 지장이 생길 수밖에 없다. 반대로 질문이 어느 정도 불편하더라도 훈련을 통해 통제감을 느낀다면 상대방의 반응은 반드시 달라진다. 통제감은 자신의 표정과 눈빛, 몸짓과 자세에서 품어 나오는 자신감으로 상대에게 전달되기 때문이다.

통제감을 얻기 위한 핵심은 상대방의 질문이 보통 '기형이 어떻게 생겼는지, 얼마나 오래 되었는지' 등 몇 가지로 국한된다는 점이다. 따라서 예상 질문에 대한 답변을 미리 준비하면 큰 도움이 된다. 이는 아무리 난이도가 높은 시험이라도 어떤 문제가 나올지 미리 얘기해주면 공부를 해서 맞출 수 있는 것과 유사하다.

예기치 못한 상황에서 질문을 받더라도 할 말이 준비되어 있으니 당황스러움을 최소화하고 통제감과 편안함을 느낄수 있다. 쉬운 일은 아니겠지만 적절한 눈맞춤과 여유로운 표정, 가벼운 미소와 함께 유머를 곁들인다면 금상첨화다.

질문   "얼굴에 흉터는 어떻게 생긴 거죠?"

응답 1   "어… 그게…"

응답 2   "초등학교 3학년 때 화상을 입었습니다. 그때 친구랑 놀다가 냄비가 엎질러지면서 다쳤고 병원에 갔지만 흉터는 남은 상황입니다."

응답 3   "말씀드리자면 긴데, 초등학교 때 화상을 입어서 흉터가 남은 상황입니다. 자세한 건 다음에 시간이 되면 말씀드리도록 하죠. 그건 그렇고 다음 업무 계획은 어떻게 되죠?"

정답은 없다. 상대방과 상황에 따라 유연하게 준비하고 미리 연습하면 된다. 다만 3번 응답은 상대방의 질문에 적절히 대답하면서 대화의 주제를 자연스럽게 전환하는 효과가 있다. 또 한 가지 기억해두어야 할 것은 이러한 외모 질문이 반드시 악의가 있는 게 아니라는 점이다. 기형이 있는 사람들은 실제 놀림을 받았던 기억으로 인해 본인도 모르게 상대방 질문을 날카롭게 받아들일 수 있다. 비록 일부 사람들은 안 좋은 의도가 있을 수 있겠으나 대부분은 그렇지 않다는 점을 인식해야 한다.

기형이 명백한 사람들은 외출 시에, 특히 사람들이 많은 장소에서 빤하게 쳐다보는 시선이나 수군거림을 경험할 수 있다. 어린아이들은 기형에 대해 대놓고 비웃거나 조롱할 수 있고, 나이가 든 사람들도 불필요한 관심을 보일 가능성이 있다. 비록 나쁜 의도가 아니더라도 당사자의 입장에서는 불편하고 당혹스러울 수 있다. 이럴 때는 주의분산 기술이 도움이 된다.

- **청각** 이어폰으로 음악 듣기
- **시각** 인터넷 뉴스 기사를 마음속으로 읽어보기, 바깥 경치를 집중해서 바라보기
- **촉각** 손에 힘을 꽉 주기, 엄지와 검지를 붙였다 떼는 동작을 반복적으로 수행하기
- **내면 감각** 마음속으로 1부터 100까지 숫자를 세어보기, 구구단 외우기

주의분산 기술을 사용할 때는 최대한 집중해야 한다. 위에서 제시한 것 외에도 여러 가지 방법을 생각해볼 수 있고 본인에게 맞게 응용해보는 것도 좋다.

처음 만나는 사람이라면 외모 기형을 보고 놀라거나 예의상 질문을 하지 않더라도 속으로 궁금해할 수 있다. 기형 당사자 입장에선 대화 도중에 질문이 들어올까 봐 전전긍긍하기 쉬운데, 역으로 외모에 대해 먼저 언급하는 것도 하나의 방법이다. 매도 먼저 맞는 게 낫다는 말처럼 불안함의 씨앗을 처음부터 없애버리는 것이다. 이와 유사하게 기형을 위장하고 있던 사람이 파트너 등 친밀한 사람에게 비밀을 고백하는 건 쉬운 일이 아니다. 이때는 사진을 활용하거나 혹은 '아는 사람이 외모 기형이 있는데…' 등 간접적으로 얘기를 꺼내는 게 도움이 된다. 이는 상대의 충격을 어느 정도 완충해주는 효과가 있다. 대화 시에는 적당한 장소를 선정하고, 적절한 타이밍을 찾는 게 중요하다. 만약 대면하여 말하기가 부담스럽다면 대안으로 전화나 카카오톡을 이용해보는 것도 좋겠다.

반대로 가까운 사람에게 외모 기형이 있다면 당사자의 입장을 고려해 좀 더 신중한 어휘 사용이 필요하다. 예컨대 기형 부위를 언급할 때 흉측한 또는 이상한 등의 주관적 표현보다는 객관적인 단어나 의학적 병명을 사용하는 게 낫다.

●흉측한, 괴물 같은, 징그러운 → 반점으로 뒤덮인, 흉터가 있는

●알록달록한 피부 → 백반증이 있는 피부

●대머리 → 탈모가 발생한 머리

외모 관리하기

외모의 기형이 현저하더라도 겉모습은 신경 쓰는 게 좋다. 상황에 맞게 적절한 옷을 입고, 청결한 위생과 단정한 차림새를 갖추는 것은 사회적 소속감과 준비가 잘 되었다는 느낌을 전해준다. 동일한 기형적 외모라도 격식을 갖춘 옷차림과 그렇지 않은 건 인상에 미치는 차이가 크다.

부정적인 표현
개선하기

　비만이라는 단어를 들을 때 무엇이 가장 먼저 연상되는
지, 특히 미용과 건강 중에서 어떤 게 먼저 떠오르는지 생각
해보자. 대부분의 사람은 미용이라는 단어를 떠올릴 것이다.
하지만 비만이 의학적으로 주목받게 된 건 외모보다는 건강
의 문제였다. 당뇨, 고지혈증, 고혈압 같은 성인병의 위험성을
높인다는 게 의학계가 비만에 관심을 가진 이유였다.

　외모지상주의에서 비만은 다차원적인 문제가 된다. 가령
키 160센티미터에 몸무게 58(BMI 22.6)킬로그램은 의학적으
로 정상이지만, 이 정도 체구에 만족하지 못하는 여성들이 꽤

있다. 다이어트는 규범적인 행동이 된 지 오래고, 대부분의 여성과 많은 남성이 체중을 감량해야 한다는 압박에 시달린다. 그중 일부는 의학적으로 정상인데도 비만 클리닉을 찾거나 무리한 다이어트를 하는 등 사투를 벌인다. 외모지상주의에서 체중 관리는 성인병을 예방하는 건강 관리 행태가 아닌 비만으로 인한 불이익을 방지하고 날씬한 사람들이 누리는 혜택을 취하려는 미용적 행위에 가깝다.

비만인 사람들이 외모 자존감이 낮고 우울증, 대인기피증에 취약하다는 연구들이 다수 보고된 바 있다.[4] 의학적으로 비만이 되는 연령대는 다양하다. 일반적으로 나이가 들수록 살이 찌기 쉽고, 특히 여성들은 출산 이후 산후 비만이 오기도 한다. 그중에서도 특히 소아 비만이었던 사람들이 외모 자존감이 취약할 가능성이 높다.[5] 소아 비만이 문제가 되는 건 생리적으로는 지방세포 증가로 요요현상이 잘 생기고 성인 비만으로 이어지기 쉬우며, 심리적으로는 '돼지, 삼겹살, 저팔계' 등 외모 자존감에 생채기를 내는 말을 듣게 될 위험성이 크기 때문이다.

외국에서 6살 아이들을 대상으로 진행한 연구가 있다. 연구 결과, 뚱뚱한 아이들을 놀이 상대로 덜 선호한다는 결론이 도출되었다. 뿐만 아니라 부모들도 알게 모르게 뚱뚱한 자녀들을 차별한다는 결과도 보고된 바 있다. 이러한 연구 결과가 우려되는 것은 소아 비만인 아이들 중에서도 특히 부모에게 부정적인 말을 들었거나, 비만으로 왕따를 경험했거나, 성별이 여성일 때 외모 자존감의 상처도 깊기 때문이다.[6]

비만 고정관념

외모에 대한 놀림은 부위와 관계없이 모든 영역에서 일어난다. 가령 키가 작은 사람은 난쟁이, 얼굴이 크면 대두, 피부색이 어두우면 검둥이라는 별명이 붙곤 한다. 그런데 비만에 대한 시선은 그중에서도 유독 곱지 않다. 가령 얼굴이 못생겼거나 키가 작다고 당사자의 성품을 비난하지는 않지만 비만은 이러한 면죄부에서 열외이다.

대학생 때의 일이다. 강의를 하던 교수님이 느닷없이 "뚱뚱한 사람은 자기관리를 못한 거야"라고 얘기한 적이 있다. 목소리는 확신에 차 있었다. 이처럼 비만은 낮고 펑퍼짐한 코나 주걱턱 같은 콤플렉스와 달리 당사자의 의지로 얼마든지 조절 가능하다는 인식이 보편적이다. 체중의 가변성에 대한 사람들의 생각은 비만인 사람들에게 '비만＝자기관리를 못해 비난을 들어도 타당한 사람=게으르고 부족한 사람'이라는 부메랑으로 날아왔다. 그로 인해 체형에 대한 불만족감뿐 아니라 자신의 인격과 존재에 대해서도 열등감, 회의감을 느꼈을지도 모른다.

하지만 비만이라고 해서 죄책감을 느낄 필요는 없다. 개인의 의지 외에도 환경, 유전적 소인 등 여러 요인에 따라 체중 감량의 난이도 차이가 크기 때문이다.[7] 어쩌다 보니 여드름 피부를 갖게 된 중학생이나 반대로 따로 관리를 하지 않아도 꿀피부인 사람이 있듯 비만에 취약한 육체를 타고난 사람도 분명히 있다. 대부분의 사람이 체중을 빼려 하고, 그중 일부 성공을 거둔 사람도 있지만 그렇게 하기 어려운 사람도 있다는 뜻이다. 극단적으로 가정해보자. 만일 모두가 동일한 환경에서 같은 대사 능력을 지닌 육체를 타고났다면 지금 비만인 사람이 비만이 아닐 가능성도 충분히 있다. 그런 여건의 차이를 고려하지 않고 '비만=의지 부족'이라는 낙인을 씌우는 건 형평성에 어긋난다. 설상가상으로 초고도비만인 경우 체중 부하로 인해 운동 강도를 높이는 것도 쉽지 않다.

비만이 비난받으면 안 된다는 의학적 근거들이 차곡차곡 쌓여가고 있다.[8] 굉장히 다양한 원인으로 발생하고, 특히 BMI 수치가 많이 높을 때는 중독처럼 개인의 의지나 노력으로 해결하기 어렵기 때문이다. 과거 게으름뱅이로 간주되었던 알코올 중독이 뇌의 질환임이 밝혀졌듯 고도비만자를 의지박약자로 몰아가는 것 역시 잘못된 생각일 수 있다.

비만이 질병보다 미용 문제로 간주되는 현상은 날씬한 몸에 집착하는 외모지상주의를 그림자처럼 암시한다. 다른 외모 콤플렉스와 달리 비만은 질병의 영역에도 발을 걸치고 있다. 미용과 질병, 외모와 건강의 스펙트럼상에 위치한다는 것은 다른 외모 콤플렉스와의 차별화를 의미한다. 의학계에서는 아무리 얼굴이 못생기고 키가 작고 코가 낮아도 성형을 섣불리 권고하지 않는다. 외모가 건강보다 우선시될 수 없어서다. 비만은 그렇지 않다. 2020년 대한비만학회에서 발간한 진료지침에 의하면 BMI가 35 이상인 초고도비만은 수술이 의학적 치료법의 하나로 제시되어 있다. 식사와 운동 같은 정석적인 체중 관리와 약물 치료를 먼저 해서 효과를 보지 못한 경우에는 합병증을 막을 다른 방도가 마땅치 않기 때문이다. WHO에서 질병으로 등록한 것에서 알 수 있듯 비만은 엄연한 의학적 치료의 대상이다.

비만 분류	정상 체중	과체중	1단계 비만	고도비만	초고도비만
BMI (국내 기준)	18.5~22.9	23.0~24.9	25.0~29.9	30.0~34.9	35.0 이상
BMI에 따른 키/체중	160cm/ 47.4kg (BMI 18.5)	160cm/ 58.9kg (BMI 23)	160cm/ 64kg (BMI 25)	160cm/ 76.7kg (BMI 30)	160cm/ 89.5kg (BMI 35)
식사, 운동	×	○	○	○	○
약물 치료	×	×	△ 세부 기준	○	○
비만대사 수술	×	×	×	△ 세부 기준	○

국내 성인 비만 치료 [9]

표현 습관을
개선하는 방법

비만인 사람들은 특히 체중과 체형에 불만을 갖기 쉽다. 불만족감
은 사회적 체형 불안*social physique anxiety* 척도를 통해 유추할 수 있
다. 원인은 여러 가지로 추정된다. 직접적인 비난이 아니더라도 은
근히 비만을 무시하는 시선들과 살을 빼라는 비난 같은 충고, 입고
싶은 옷 대신 몸에 맞는 옷을 입어야 했던 경험들은 외모 자존감에
좋지 않은 영향을 주었을 것이다. 시험을 망치고 성적표를 찢어버
린 수험생처럼 거울을 보는 게 싫거나 두렵고, 무엇보다 자신을 비
난하고 있을지도 모른다. 주변 사람들이 그랬듯 '저주받은 몸', '끔
찍한 뱃살' 등 자신에게 무자비한 말을 퍼부어왔을지도 모른다.

비단 체형에만 국한된 얘기가 아니다. 부정적인 표현 습관은 외

모의 모든 부위를 겨냥하며 만족감을 떨어뜨린다. 외모가 뛰어나지 못하다고 외모 자존감이 낮은 건 아니다. 하지만 표현 습관이 부정적이면 그 사람의 외모 자존감은 높을 수 없다. 외모 자존감이 낮은 사람들의 일부는 이 부류에 속한다. 그들은 자신의 외모에 가혹하다. 외모가 마음에 들지 않는다는 이유로 온 감정을 실어 자신을 비난한다. 그러나 거울 속의 나에게 감정적으로 말하는 것은 외모 자존감에 좋지 않다. 누군가에게 욕설을 들으면 기분이 상하고 사이가 멀어지듯, 외모에 대한 부정적인 표현은 몸과의 관계를 악화시킨다. 거울을 볼 때마다 부정적인 말을 반복하면 실제 그렇게 생각하기가 쉬워진다.

외모 자존감은 어느 정도 주변 사람들의 영향을 받는다. 좋지 않은 표현 습관도 상당 부분 누군가에게 영향을 받았을 것이다. 그러나 외모 자존감을 최종적으로 결정하는 건 나 자신이다. 설령 남들이 부정적인 피드백을 보내더라도 내가 나에게 다정한 말을 건넬 수 있다면 그 사람의 외모 자존감은 양호할 것이다. 외모 자존감은 다른 사람이 아닌 내가 나에게 건네는 말의 온도이기 때문이다.

다음의 표는 표현 습관을 분석해주는 도표이다. 나도 모르게 외모에 대해 부정적인 표현을 사용한 건 아닌지 생각해보자. 만약 그랬다면 지금부터는 감정적인 표현을 완곡어법으로 대체해보자. 중립적이고 객관적인 말이 도움이 된다.

마음에 안 드는 외모 부위	나의 표현 습관	개선된 표현
얼굴 여드름	정말 저주받은 피부야	여드름이 난 얼굴
뱃살	뱃살이 삼겹살이야, 끔찍해	허리 둘레는 105센티미터야

사회적 체형 불안은 '다른 사람이 나의 체형을 어떻게 평가하는 지'와 연관된 불안감이다. BMI와도 어느 정도 관련이 있다고 알려져 있다. 아래 설문지를 통해 나의 사회적 체형 불안을 점검해보자.

	문항	전혀 그렇지 않다	그렇지 않다	보통 이다	그렇다	매우 그렇다
1	나는 내 몸매가 다른 사람에게 어떻게 보이든 걱정하지 않는다.					
2	나는 내가 입는 옷이 내 몸매를 어떻게 보이게 하든 (여위게 혹은 뚱뚱하게) 신경 쓰지 않는다.					
3	나는 내 몸매와 외모에 대해 지나친 걱정을 하지 않았으면 한다.					

	문항	전혀 그렇지 않다	그렇지 않다	보통 이다	그렇다	매우 그렇다
4	나는 남들이 나의 체중과 체형을 부정적으로 평가한다는 생각 때문에 신경 쓰이는 때가 있다.					
5	나는 거울을 볼 때 내 몸매에 대해 기분 좋은 느낌을 받는다.					
6	나는 나의 매력 없는 몸매와 외모 때문에 모임에서 불안할 때가 있다.					
7	나는 주변에 사람들이 있으면 내 몸매와 외모에 대해 신경 쓰게 된다.					
8	나는 내 몸이 남에게 얼마나 건강하게 보일까에 대해 염려하지 않는다.					
9	나는 남들이 내 몸매와 외모를 평가한다는 것을 좋아하지 않는다.					
10	나는 수줍음을 타고 다른 사람이 내 몸을 쳐다보는 것을 좋아하지 않는다.					
11	나는 다른 사람이 내 몸을 쳐다본다고 하더라도 편안한 느낌을 갖는다.					
12	나는 속옷을 입었을 때 나의 체형에 대해 걱정스러운 생각을 한다.					

사회적 체형 불안 척도 「10

• 총점: 12~60점(점수가 높을수록 사회적 체형 불안이 심하다)
• 채점 방식: 전혀 그렇지 않다(1점), 그렇지 않다(2점), 보통이다(3점), 그렇다(4점), 매우 그렇다(5점), 1, 2, 5, 8, 11 문항은 역채점.

외모 자극을
걸러내는
필터 수리하기

　무더운 여름날 자려고 누우니 모기가 있다. 모기 소리가 귓가에서 사라지는가 싶더니 오른쪽 종아리가 간지럽다. 다리를 들어 걷어내지만 모기는 머지않아 내 몸 어딘가로 착륙할 것이다. 그렇다고 온몸을 이불로 덮자니 너무 덥다. 잠을 설치다 결국 모기를 잡으려고 일어서니 천장의 불빛에 모기는 자취를 감춘다. 창문 방충망에는 엄지 손톱만 한 구멍이 뚫려 있다. 방에 들어온 모기는 누구에게나 귀찮고 불편하고 성가실 수밖에 없다. 불편함을 줄이는 가장 좋은 방법은 모기에게 물린 후 물파스를 바르는 게 아니라 사전에 차단하는 것이다.

외모 자존감이 높은 사람들은 외모와 관련된 자극을 처리하는 필터의 성능*protective filtering*이 뛰어나다. 처음부터 모기를 차단하는 견고한 방충망처럼 외모 자존감을 위협하는 자극들을 상당 부분 걸러낸다. 외모를 겨냥하는 화살들을 남들보다 한 발짝 앞서 처리하니 외모 자존감이 요새처럼 굳건한 것이다. 당신의 외모 방충망은 모기가 들어오지 못할 정도로 촘촘한가? 그렇다면 다행이지만 그렇지 않아도 너무 좌절할 필요는 없다. 방충망에 흠이 있다면 수리하면 된다. 실제 외모 자존감을 지켜주는 가상의 방충망 또한 얼마든지 수리가 가능하다.

외모 방충망이 튼튼한 사람들에게는 몇 가지 공통점이 있다. 우선 외모가 뛰어난 사람들을 냉철하게 분석하는 능력이 뛰어나다.[11] 수영복을 입고 자신감이 넘치는 포즈를 취한 누군가의 SNS를 보며 단순히 열등감을 느끼기보다는 "쟤는 자신감이 넘쳐 보이지만 정말 자존감이 높은 걸까? 굳이 안 올려도 되는 사진을 올린 것 같은데, 저런 몸매는 너무 비현실적인 것 같아. 성형수술을 했거나 포토샵으로 조작했을 가능성은 없을까?"라고 생각을 전환해본다. 그들은 대상을 입체적으로 파악하는 능력도 뛰어나다. 예컨대 외모가 뛰어난 사람에게 질투심을 갖는 대신 이면의 기회비용을 날카롭게 포착해낸다. "비록 저 사람보다 체중은 많이 나가지만, 하루에 4시간씩 런닝머신에서 달리고 매일 닭가슴살만 먹는 건 내가 정말로 원하는 게 아니야." 또한 인성, 자존감, 체력, 성격, 건강 등 사람의 다른 특성에 대해서도 생각을 해본다.

그렇다고 외모 방충망이 주어진 상황을 곡해하여 받아들이는 것은 아니다. 오히려 무조건적인 비난이나 수용이 아닌 합리적인 근거를 갖춘 분석에 가깝다. 예컨대 이따금씩 누가 봐도 인정할 수밖에 없는 엄친아를 만날 때가 있다. 외모 방충망이 견고한 사람들은 그런 사람을 보더라도 동요의 폭이 적다. "외모가 매력적이긴 해. 하지만 실제 현실에서 저 정도 외모와 스펙을 지닌 사람은 매우 드물어. 100명당 한 명, 아니 1000명당 한 명쯤 될까? 저 사람은 외모 관리에 투자하는 비용과 시간이 많아서 애초에 비교 자체가 불공평해. 외모 자존감이 높은 사람들은 객관적 사실(실제 현실에서는 그런 사람들이 극히 드물다, 애초에 부당한 비교이다 등)을 인출해내는 능력이 남들보다 한결 뛰어나다.

또한 외모에 관한 모호한 코멘트를 들었을 때 긍정적인 방식으로 해석하는 경향이 있다. 외모 자존감이 낮은 사람이 동일한 상황에서 상상의 나래를 펼칠 때 그들은 불필요한 걱정을 하지 않는다. 마지막으로 외모의 모든 부위가 뛰어난 사람이 극히 드물 듯, 거의 모든 사람은 외모에서 혹은 외모가 아니더라도 고유의 개성과 장점이 있다. 외모 자존감이 높은 사람들은 암암리에 그 사실을 인식하고 있다. 그들이라고 결코 단점이 없는 게 아니다. 다만 외모 자존감이 낮은 사람들과 달리 단점만을 인식하지 않는 습관이 체화되어 있다. 작지만 큰 습관의 차이가 외모 자존감의 높낮이를 가르는 것이다.

외모 자존감이 건강한 사람들의 비결은 무엇일까? 비록 당사자는 의식하지 못할 수도 있지만 다음의 네 가지 요인을 갖췄을 가능성이 높다.

원만한 대인관계

원만한 대인관계는 외모 자존감에 도움을 준다. 가족의 보살핌과 격려, 친구나 파트너의 위로는 외모 자존감을 보호해준다. 안정적인 관계를 형성한 사람들은 대화를 통해 외모 스트레스를 효과적으로 해소할 수 있고 유익한 노하우를 얻기도 수월하다. 친밀한 관계는 외모에 예기치 못한 트라우마가 발생해도 매트리스가 되어 바닥으로 추락하는 외모 자존감을 보호해준다.

긍정적인 마음가짐/확대 해석하지 않기

외모 자존감이 높은 사람은 자신의 외모에서 긍정적인 부분이 있다는 점을 알고 있다. 설령 외모의 특정 부분이 불만족스러워도 전부 다 마음에 안 든다고 확대 해석하지 않는다. 외모 스트레스에 낙심하더라도 과장해서 힘들어하지 않는 것이다. 또한 외모와 자신을 분리해서 생각하는 능력이 남들보다 뛰어나다. 외모가 전부라고 생각하는 사람들과 달리 그들은 외모가 사람의 일부에 불과하다는 사실을 인식한다. 아래의 예시처럼 외모와 사람을 보는 관점이 다면적이어서 한 가지 측면에 매몰되지 않는다.

●**사람** 건강, 운동 능력, 학업 능력, 음악 능력, 대인관계 능력, 인성, 자존감, 외모 등

●**외모** 키, 체중, 체형, 머리카락, 이마, 눈, 코, 입, 피부, 상체(위팔, 아래팔, 손), 하체(허벅지, 종아리, 발) 등

몸은 아무런 불평 없이 그 안에 있는 사람을 위해 살아간다. 그런 몸에게 내가 저지른 일들을 생각해보자. 지금까지 몸에게 요구만 했다면, 지금 이 순간만이라도 몸이 나에게 바라는 것*body signal*을 생각해보자. 바디 시그널 중에서 외모와 관련된 신호는 다음과 같다.

●**치장** 하이힐 등 예쁘지만 발이 불편함을 호소하는 신발, 꽉 끼는 옷, 짙은 화장 → 발이 좋아하는 편한 신발, 폭이 널널하고 입었을 때 편안함을 느끼는 옷, 가까운 곳에 갈 때만이라도 화장하지 않기

●**식사** 배고픔, 포만감, 복통 → 극단적인 다이어트 하지 않기, 배가 부를 때는 음식 먹지 않기, 음주 및 기름진 음식 줄이기

●**운동** 갑갑함, 통증 → 꾸준하고 적절한 강도의 운동, 충분한 휴식

바디 시그널은 몸이 나에게 보내는 메시지이다. 몸이 나에게 원하는 바는 배고픔과 포만감, 통증과 즐거움, 답답함과 편안함 같은 나만 알아차릴 수 있는 감각으로 발신된다. 이때

금 몸의 신호는 외모 관리 행동과 상충된다. 이러한 대립 상황에서 외모 자존감이 낮은 사람들은 몸보다 외모를 우선시하는 경향이 있다. 예컨대 몸이 배고픔, 갑갑함, 통증을 호소해도 다이어트, 날씬함, 체중 감소를 위해 사뿐히 무시해버린다. 외모 자존감이 낮을수록 거울 밖의 내가 아닌 거울에 비치는 나를 더 소중히 여기는 것이다. 반대로 외모 자존감이 건강한 사람은 남에게 보이는 모습보다 몸과 내가 원하는 바를 우선시한다.

너그러운 태도

자신에게 엄격한 사람은 자존감의 변동이 클 수밖에 없다. 자존감은 자신을 평가하는 잣대이기 때문이다. 마찬가지로 외모에게 지나친 요구를 하거나 엄한 사람은 외모 자존감이 휘청거리기 쉽다. 비단 외모뿐만이 아니다. 돌이켜보면 사람들은 자신을 채찍질하는 데 너무 익숙하다. 남에게는 너그럽지만 유독 자신에게만 가혹하다. 하지만 외모에 대해서만큼은 그러지 않아도 된다. 외모와 외모로 힘들었던 자신에게 자비심으로 다독여주어도 괜찮다. 설령 주변의 모든 사람이 거울 속 나에게 상처를 주더라도 나는 나를 위로할 수 있어야 한다. 아무리 내 모습이 마음에 들지 않더라도, 도저히 사랑할 수 없더라도 지지해줄 수 있어야 한다. 모든 외모 자존감의 회복은 자비에서 출발하기 때문이다.

외모는 몸의 한 측면이고 몸과 나는 분리될 수 없다. 가족을 포함하여 타인과는 사이가 멀어지거나 관계가 끊어질 수 있지만 몸과 나는 그럴 수 없다. 따라서 거울에 비친 내가 사랑스럽지 않더라도 힘들 때 토닥여주는 것은 외모 자존감 회복의 기본이 된다. 만약 내가 나에게 너그러울 수 있다면, 그 사람의 외모 자존감은 회복을 향한 작지만 의미 있는 발걸음을 내디딘 것이다. 거울 속의 내가 가장 필요로 하는 것은 거울 밖의 내가 건네는 따뜻한 토닥임이다.

마인드셋을 위한
2가지 방법

1

격려의 말 해주기

수험생들은 격려의 문구가 담긴 포스트잇을 독서실 책상에 더덕더덕 붙인다. 자신을 다독여주는 한 마디는 장시간의 수험생활에서 좌절감을 느낄 때 다시 펜을 잡게끔 하는 원동력이 된다. 마찬가지다. 외모 자존감 회복의 길을 걷는 자신에게 격려의 말을 해주는 것은 작지만 큰 힘이 된다. 특히 외모 자존감을 높여줄 사람이 주변에 없을수록 더욱더 자신을 격려해야 한다. 무슨 말을 해야 할지 모르겠다면 외모로 힘들어하는 누군가에게 해주고 싶은 말을 나에게 들려주면 된다.

(예시)

"외모 때문에 많이 힘들었지? 하지만 혼자만의 문제는 아니야."

"어제는 야식을 먹었는데 지난 일이니 어쩔 수 없어. 오늘부터 다시 시작하면 돼. 식이 조절은 장기전이니 한 번 실수했다고 너무 낙심할 필요는 없어. 다른 사람들도 다 마찬가지야."

"너는 외모가 가장 뛰어난 사람이 아닐 수 있어. 하지만 외모와 관계없이 너는 소중한 사람이야."

2

일상의 소소한 기쁨 찾아보기

외모 자존감은 삶의 질과 밀접한 연관이 있다. 외모 자존감이 높다면 웃음의 빈도가 잦을 것이고, 그렇지 못하다면 하루하루가 힘겨울 것이다. 후자에 속하는 사람들 중 일부는 어쩌면 외모에 대한 불만처럼 일상에서도 안 좋은 일만 있다고 느낄지도 모른다. 그러나 그게 전부는 아니다. 아무리 외모 자존감이 높은 사람도 매 순간이 행복할 수 없다. 마찬가지로 낮은 외모 자존감이 모든 순간의 불행을 의미하지는 않는다.

부정적인 생각에만 갇혀 있으면 좋은 일이 일어나도 인식하기 어렵다. 만약 외모 자존감이 높은 사람들처럼 일상의 소소한 즐거움을 느끼지 못한다면 뷰티 헌팅*beauty hunting*이 도움이 될 수 있다.《죽음의 수용소에서》에는 정신과 의사 빅터 프랭클이 석양의 아름다움에 감탄하는 장면이 있다. 다채롭게 물든 구름의 형상을 바라보며 그는 일순간 행복감을 느낀다. 생사가 불투명한 기약 없는 수감생활에서 작지만 큰 의미를 포착한 것이다. 이처럼 뷰티 헌팅은 일상에서 아름답고 즐거운 순간을 의식적으로 알아차리려는 시도이다. 삶의 질이 낮을수록 인식하기 어렵지만, 우울하고 슬픈 날에도 한 번쯤은 긍정적인 순간이 찾아오게 마련이다.

아래의 표는 뷰티 헌팅을 기록하는 도표이다. 하루에 하나씩 긍정적이거나 기분 좋은 경험을 기록하면 뷰티 헌팅 습관을 기르는 데 도움이 된다.

날짜	긍정적이거나 기분 좋은 경험	잘한 일
2022년 5월 1일	점심 메뉴로 나온 계란찜이 맛있었다. 우연히 하늘을 봤는데 구름이 참 맑았다.	신발 정리를 했다.
2022년 5월 2일	친구의 유머가 재밌었다. 응원하는 프로 야구팀이 경기에서 이겼다.	길거리에서 쓰레기를 주웠다.

몇몇은 뷰티 헌팅에 실패한다. 그러고는 좋은 일이나 긍정적인 순간이 한 번도 없었다고 말한다. 만약 그렇다면 차선책으로 잘한 일을 기록하면 된다. 잘한 일이 없었다면 잘한 일을 해볼 수도 있다. 예컨대 신발 정리를 하거나 창문을 닦거나 하다 못해 길거리에서 쓰레기를 주울 수도 있다.

뷰티 헌팅의 핵심은 긍정적인 일의 절대적 빈도보다는 어떠한 상황에서도 긍정성을 잊지 않으려는 능동적인 태도에 있다. 어두운 터널을 견디는 힘은 일상의 소소한 기쁨에서 나오고, 뷰티 헌팅은 듬성듬성 내리쬐는 한 줄기의 햇살을 만끽하려는 노력이다. 이는 장기적으로 외모 자존감 회복의 길로 이어지는 징검다리가 될 것이다. 외모 자존감은 일상의 작은 즐거움과도 결코 무관하지 않다.

치장의
중요성
간과하지 않기

외모지상주의에서 외모가 중요하지 않다고 말하기는 쉽지 않다. 하지만 보통의 사람에게 요구되는 외모는 연예인의 그것과 차이가 크다. 예컨대 취업 면접에서 면접관이 요구하는 외모는 예쁘고 잘생긴 얼굴이라기보다 소위 말하는 호감형 인상인 경우가 많다. 연애 관계에서도 단순히 예쁘고 잘생긴 얼굴보다 깔끔하고 호의적인 인상을 선호하는 경우가 많다.

몸에 어울리는 옷을 입고 외출할 때 자신감을 느껴본 적이 있을 것이다. 나에게 어울리는 옷차림과 메이크업을 하면 평소보다 발걸음이 가볍고 즐겁게 마련이다. 물론 외모 자존감이 높아도 외모에 무신경한 사람도 있다. 하지만 외모 자존감이 높은 사람들의 상당수는 주기적으로 외모를 관리하고, 그 과정에서 즐거움과 만족감을 느낀다. 이들은 대개 기분을 북돋는 자신만의 외모 관리법을 갖고 있다. 적지 않은 사람들이 겉모습은 타고난 외모로 결정된다고 생각하는데, 실제로는 패션, 헤어스타일, 메이크업도 유의미한 영향을 끼친다.

〈EBS 다큐프라임〉에서 이에 대한 실험을 한 적이 있다. 캐주얼한 옷과 정장 차림을 한 동일한 남성에 대하여 여성들이 매력지수를 평가했는데, 말끔한 복장을 했을 때 호감도가 더 높았다. 실험 결과에서 알 수 있듯 외모 치장이 인상에 주는 영향은 결코 작지 않다. 반대로 치장에 서툰 사람은 호의적인 인상 형성에 어려움을 겪을 수 있다.

패션 고정관념

같은 문제를 반복적으로 대처하다 보면 익숙해지게 마련이다. 아무리 어려운 문제라도 반복해서 맞닥뜨리다 보면 어느새 문제를 푸는 방법과 기술이 숙달된다. 외모 문제도 마찬가지다. 처음 맞이하는 10대, 20대 초반에는 난해할 수 있지만 거울에 비친 외모는 달라지지 않는다. 비슷한 외모를 계속해서 보다 보면 본인만의 노하우(외모에 어울리는 메이크업, 패션, 헤어스타일 등)가 생기게 된다.

그런데 외모를 치장하는 기술이 도통 늘지 않는 사람들이 있다. 외모 자존감이 낮은 사람들 중 일부는 소위 '패션 테러리스트'에 속한다. 이들은 얼핏 겉모습을 별로 신경 쓰지 않는 것처럼 보이지만 실제로 외모에 관심이 전혀 없지는 않다. 문제는 미숙한 치장과 그로 인한 호의적이지 못한 인상이다. 어설프고 미흡한 메이크업, 패션으로 인해 겉모습에 대한 자신감이 낮아지고 상대방에게도 안 좋은 인상을 줄 가능성이 높다. 이런 경우에는 외모가 아닌 치장을 개선해야 하는데 해결법을 다른 데서 찾는 사람들이 있다. 어쩌면 모든 걸 외모 탓으로 돌리면서 '외모는 타고나는 거니까 어쩔 수 없어'하고 자포자기했을지도 모른다.

어느 정도 겉모습을 가꾸는 일은 외모 자존감에 도움이 될 수 있다. 나에게 어울리는 옷과 메이크업을 하는 건 외모에 대한 주관적 느낌과 인상을 매우 효율적으로 높이는 방법이고, 이는 주변 사람들의 반응에도 영향을 준다. 스웨덴 웁살라대학교에서 이에 대한 연구를 진행한 적이 있다.[12] 연구 참여 여성들은 자신이 보기에 매력적인, 덜 매력적인, 편안한 옷을 한 번씩 입고, 각각의 모습에 대해 남성들이 매력도를 평가했다. 해당 실험에서 여성들은 중립적인 표정을 취할 것을 요구받았다. 그럼에도 불구하고 남성들은 매력적이라고 느낀 옷을 입었을 때의 표정을 가장 높이 평가했다. 아무리 중립적인 표정을 지어도 자신에게 어울리는 옷을 입었을 때 내면의 자신감은 미세하게나마 반영되어 타인에게도 전달되기 때문이다.

외모에 영향을 주는 또 하나의 요인으로 헤어스타일이 있다. 머리카락은 단일 변수로는 외모에 끼치는 영향력이 가장 큰 구조물이다. 또한 몸의 일부지만 얼굴이나 체형 등 다른 부위와 달리 변화가 용이하다는 특징이 있다. 만약 헤어스타일에 전혀 관심이 없던 사람이 얼굴형에 걸맞은 헤어스타일을 한다면 호의적인 인상을 갖는 데 큰 도움이 될 수 있다.

패션의 완성은 얼굴이라는 말이 있다. 아무리 패션 감각이 뛰어나도 결국은 타고난 외모가 겉모습을 결정한다는 자조 섞인 표현이다. 어쩌면 패션 테러리스트 중 일부는 이 말의 맹신자일지도 모르겠다. 전혀 일리가 없는 말은 아니다. 패션은 겉모습의 일부이고 무엇보다 얼굴, 몸과의 조화에 의존한다. 그러나 옷이 날개라는 말처럼 인상의 기본은 치장이다. 동일한 외모라도 치장에 따라 상대방의 눈에 비치는 외모는 유의미하게 달라진다. 얼굴은 정서 상태를 반영하는 창이고, 적절한 치장은 당사자에게 자신감을 부여하기 때문이다. 만약 치장의 중요성을 간과했거나 주변 사람들에게 스타일 지적을 자주 받았다면 치장 습관을 돌이켜볼 필요가 있다. 외모 때문이라고 생각했던 일들의 일부는 치장 때문이었을지도 모른다.

치장 습관
표로 작성해보기

아래의 표는 치장 습관을 분석해주는 도표이다. 지금까지 다른 사람에게 옷차림을 지적당한 기억을 떠올려보자. 과거에는 대수롭지 않게 넘어갔다면 왜 그런 지적을 받았는지 곰곰이 생각해보자.

상황	치장 습관을 지적받은 경험	치장 습관을 개선하는 방법
2022년 5월 1일 (데이트)	데이트할 때 입은 바지(추리닝)	청바지, 정장바지
2021년 12월 24일 (작년 크리스마스 이브 소개팅 날)	소개팅에서 입은 롱패딩	코트

외모 열등감
행동치료법

외모 열등감이 극심했던 고등학교 3학년 겨울, 저녁을 먹고 나면 무작정 걷곤 했다. 외모 외에도 재수를 앞두고 있어 여러 걱정거리에 사로잡힌 시기였다. 처음 걷기를 권유한 건 부모님이었다. 외모 스트레스로 집에만 있으려는 나를 염려한 나머지 바람이나 쐬고 오라는 뜻이었다. 그때부터 어두운 밤이면 모자를 쓰고 외투를 단단히 여미고 집 근처 바닷가나 산책로를 따라 걸었다. 처음엔 한 바퀴만 돌고 왔지만 점차적으로 걷는 시간은 늘어났다. 걷다 보니 계속 걷고 싶었다. 이유는 모르지만 기분이 한결 나아지는 걸 선명하게 느낄 수 있었다. 학창 시절 운동을 거의 하지 않은 내게 걷는 시간은 가장 즐거운 시간 중 하나가 되었다.

의대생이 된 이후 운동을 하면 세로토닌이라는 신경전달물질이 분비되어 기분이 나아진다는 걸, 정신과 의사가 되고 나서는 몸을 움직여 활동량을 늘리는 게 우울증의 대표적인 행동치료법임을 알게 되었다. 외모 열등감이 극심했던 당시에는 알지 못했지만 백사장과 공원을 거니는 행위 자체가 모종의 치료였던 셈이다.

지금도 스트레스를 받을 때면 무겁고 피로에 절은 몸을 의도적으로 일으켜 산책을 나가거나 자전거를 타고 집 주변을 한 바퀴 돌아본다. 운동을 하는 동안에는 잡념이 줄고, 운동이 끝나면 한결 건강해진 느낌과 성취감이 드니 외모 자존감에 도움이 될 수밖에 없다.

행동과 외모 자존감

외모에 대해 갖는 생각, 느낌, 태도는 행동을 통해 겉으로 표출된다. 반대로 행동을 살펴보면 그 사람의 외모 자존감을 어느 정도 유추해낼 수 있다. 예컨대 다이어트를 하거나 체중계에 올라서는 빈도가 잦은 사람은 체중에 대한 불만족감이 있을 것이다. 햇살이 쨍쨍한 토요일, 갈색으로 염색한 S컬 펌에다 하늘색 민소매 원피스 차림으로 공원을 걷는 사람은 외모에 관심이 많고 아마 외모 자존감도 양호할 것이다.

반대로 밖에 나가는 게 두려워 집에만 있으려 하거나 나가더라도 사람이 많은 곳을 피하고 휴대폰에 셀카 사진 한 장도 없는 사람은 극심한 사회적 외모 불안을 겪고 있을지도 모른다. 외모 자존감이 낮은 사람들 중 일부는 운동을 전혀 하지 않는다. 단순히 귀찮아서 안 하는 사람도 있지만, 일부는 운동을 하고 싶어도 하지 못하는 사람들이다. 사회적 외모 불안을 가진 사람들 중에는 후자에 포함되는 경우가 적잖을 것으로 추정된다. 외모 불안증이 심하면 타인의 시선에 위축되어 외부 활동이 극도로 줄어든다. 이들은 사람이 많은 체육관, 헬스클럽, 몸매가 여과 없이 노출되는 수영장 같은 장소를 방문하지 않는다. 운동을 하더라도 혼자 하는 걸 택하고 운동 시간도 주변의 시선이 덜한 저녁 시간을 고집한다. 바깥 활동을 하더라도 옷차림이 남들과 다르다. 자신이 없는 외모 부위를 가리기 위해 점퍼나 펑퍼짐한 옷을 입거나 눈에 덜 띄는 무채색 옷을 선호한다.

외모 자존감이 낮은 사람들 중에서, 특히 외형 문제가 자명한 사람들은 공원, 백화점, 길거리 등 사람이 많은 곳이 불편할 수 있다. 이러한 행동 습관의 내면에는 다른 사람에게 비춰지는 자신의 모습에 대한 걱정, 외모 평가에 대한 두려움과 공포가 담겨 있다. 외모 불안에 대처하는 방식은 사람마다 다양하다. 일부는 사람이 많은 상황이 힘들더라도 꾸역꾸역 버티면서 학교, 직장을 다니며 일상생활을 유지한다. 불안이 중등도를 넘어서면 꼭 필요한 상황에서만 어쩔 수 없이 외출할 것이다. 외모 불안증이 극심하다면 흡사 히키코모리처럼 집에서 은둔생활을 할 것이다. 이처럼 몸의 표면에 대한 자신감 부족은 몇 가지 행동으로 연결되고 극심한 경우에는 고립으로 귀결된다. 당연하게도 사회적 외모 불안*social appearance anxiety*으로 인한 회피 행동은 삶의 질을 현저하게 떨어뜨린다. 다음은 사회적 외모 불안을 측정해주는 설문지이다. 나의 사회적 외모 불안은 어느 정도인지 점검해보자.

	문항	전혀 그렇지 않다	대체로 그렇지 않다	중간 이다	대체로 그렇다	매우 그렇다
1	나는 다른 사람들에게 비치는 내 모습을 신경 쓰지 않는다.					
2	나는 사진 찍힐 때 신경이 쓰인다.					
3	나는 사람들이 나를 쳐다보고 있다는 것을 의식할 때 긴장된다.					
4	나는 내 외모 때문에 사람들이 나를 좋아하지 않을까 봐 걱정된다.					
5	나는 다른 사람들이 내가 없는 자리에서 내 외모에 대해 험담을 할까 봐 걱정된다.					
6	나는 내 외모 때문에 사람들이 나를 '비호감'으로 여길까 봐 걱정된다.					
7	나는 사람들이 나를 매력 없다고 생각할까 봐 두렵다.					
8	나는 내 외모로 인해 인생에 어려움을 겪을까 봐 걱정된다.					
9	나는 내 외모로 인해 좋은 기회를 놓칠까 봐 걱정된다.					
10	나는 내 외모 때문에 사람들에게 말을 걸 때 긴장이 된다.					
11	나는 다른 사람들이 내 외모에 대한 이야기를 할 때면 불안하다.					
12	나는 내 외모가 다른 사람이 정한 기준에 미치지 못할까 봐 종종 불안하다.					

	문항	전혀 그렇지 않다	대체로 그렇지 않다	중간 이다	대체로 그렇다	매우 그렇다
13	나는 다른 사람들이 내 외모를 부정적으로 판단할까 봐 걱정된다.					
14	나는 다른 사람들이 내 외모의 결점을 눈치챘다고 느낄 때 불편함을 느낀다.					
15	나는 내 연인이 내 외모 때문에 나를 떠날까 봐 불안하다.					
16	나는 사람들이 내 외모가 별로라고 생각할까 봐 걱정된다.					

사회적 외모 불안 척도[13]

• 15번 문항은 현재 연인이 없다면 있다고 가정하고 답하시오.
• 총점: 16~80점(점수가 높을수록 사회적 외모 불안이 심하다)
• 채점 방식: 전혀 그렇지 않다(1점), 대체로 그렇지 않다(2점), 중간이다(3점),
대체로 그렇다(4점), 매우 그렇다(5점), 1번 문항은 역채점.

외모 불안에서 벗어나는
5가지 방법

1

즐거움을 가져다주는 활동 계획하기

항우울 효과가 있는 활동은 사람마다 다르다. 단순히 활동량을 증가시키는 것보다 자신에게 즐거움과 보람을 주는 행동을 늘리는 게 효과적이다. 말처럼 쉽지는 않다. 우울감을 느끼는 사람들 대부분은 신체적 활동 늘리기를 힘겨워한다. 기분이 우울할 때 활동량 감소는 일정 부분 자연스러운 수순이기에 활동량 증가는 버거울 수밖에 없다. 하지만 무기력한 기분은 무기력한 행동을 낳는다. 반대로 행동의 작은 변화는 눈덩이처럼 불어나 감정과 느낌의 변화를 만들어낼 수 있다.

즐거운 활동의 목록	계획	활동 후 기분 변화 (0~10)
강아지 산책	점심을 먹고 30분간 강아지를 데리고 공원에서 산책할 것이다.	2

2

마음의 준비가 되었는지 점검하기

외모 불안증이 심한 사람들에게 집은 안전 장소가 된다. 극심한 불안과 외출에 대한 두려움은 뫼비우스의 띠처럼 고립 기간을 연장시킨다. 집에 있을 때 불안은 분명 덜하다. 하지만 고립은 일상생활과 목표 성취에 걸림돌이 된다. 당사자 또한 집에서 한 발자국도 나가지 않는 생활을 바라지는 않을 것이다.

사회적 외모 불안이 극심한 사람들에게 중요한 점은 올바른 방향을 인식하되 자신의 페이스를 파악하는 것이다. 장기적으로는 활동 반경을 넓히는 게 바람직하나 상황과 시기를 고려해야 한다. 말처럼 간단하지 않을 것이다. 외모 불안의 원인에 따라 다르겠지만 외모 자존감이 회복되지 않은 상태에서 외출했다가 상처를 받는 경우 회복이 더디어질 우려도 있다.

일단은 지금 내가 할 수 있는 것들을 파악해야 한다. 아직 때가 되지 않았다면 실내에서 할 수 있는 활동(맨손 체조, 아령 들기 등)이 도움이 될 수 있다. 외출 시간을 조정하는 것도 고려할 수 있고, 혹 누군가 적당한 사람이 있다면 도움을 요청해보는 것도 방법이다. 또한 생각은 사실이 아닐 수 있다는 점을 기억해야 한다. 외모에 대해 평가하고 뒷담화하는 사람들도 일부 있지만 그렇지 않은 사람들이 대부분이다. 무엇보다 과거에 만났던 사람과 현재와 미래에 만나게 될 사람은 서로 다른 사람이다. 확실한 증거가 없는 모호한 상황에서 상대방이 외모를 험담했다고 지레짐작하지는 않았는지 돌이켜보는 것은 사회적 외모 불안에서 벗어나는 첫걸음이 될 수 있다.

3

은둔 환자 의료지원 캠페인과 자조모임 참여하기

은둔 환자 의료지원 캠페인은 외형적인 질환을 앓는 사람들을 대상으로 신청을 받는다. 화상, 흉터, 고도비만, 안면 기형, 치아 질환, 중증 원형 탈모 등 외형 질환으로 고충을 겪는다면 장기적으로 자

립 능력 향상을 위해 신청을 고려해볼 수 있다.[14]

　은둔을 하게 된 이유가 질병 때문이라면 자조모임 참여도 고려할 수 있다. 일부 질환들은 전문가들의 주도하에 자조모임이 개설되어 있는데 다른 참여자로부터 노하우를, 전문가에게는 최신 지식을 습득할 수 있다. 정기적으로는 힘들더라도 한 번쯤 참석해보는 것은 도움이 될 수 있다.

4

겉모습 점검하기

외모 불안이 심한 사람들은 경직되고 위축된 모습을 보이기 쉽다. 굳어진 인상은 상대방에게 우호적이지 못한 느낌을 전할 우려가 있다. 특히 면접 등 한 번뿐인 자리라면 감점을 받기 일쑤다.

●표정과 자세: 외모 불안이 심한 사람들은 자의식 과잉으로 인해 사람들을 만날 때 긴장한다. 겉모습에 자신이 없어 거리를 두고 대화 시에도 눈맞춤을 자연스럽게 유지하지 못한다. 시선이 바닥으로 향하는 경우가 많고, 전반적으로 자신감이 없어 보인다. 불안과 시선 공포로 굳은 인상은 좋지 않은 느낌을 주어 상대방이 쉽게 다가가지 못하는 악순환을 일으킨다. 반대로 표정과 자세, 모습을 객관적으로 점검하고 교정하는 것은 긍정적인 관계 형성의 밑거름이 된다.

●시선: 사회적 외모 불안이 높은 사람들은 시선을 회피할 수 있다. 눈을 똑바로 마주하는 연습이 도움이 된다.

●걸음걸이: 사회적 외모 불안이 심한 사람들은 자신의 걸음걸이가 당당하지 못하다고 느끼기 쉽다. 똑바로 걷는 연습이 도움이 될 수 있다.

5

사회적 외모 불안과 외모, 외모 자존감의 관계 이해하기

외모는 몸의 표면이다. 종류와 관계없이 외모 스트레스가 일정 수준을 넘어서면 사회적 외모 불안을 거쳐 고립으로 귀결된다. 사회적 외모 불안이 심하다면 그 사람의 외모 자존감은 분명 낮을 것이다. 외모가 사회적 외모 불안에 영향을 주는 건 틀림없는 사실이지만 외모 자존감은 더 큰 영향을 끼친다. 외모 콤플렉스가 아닌 그로 인한 낮은 외모 자존감이 곧 사회적 외모 불안이기 때문이다. 다른 사람이 거울 속 나에게 어떠한 말을 건네더라도 내가 나를 수용한다면 그 사람의 사회적 외모 불안은 심하지 않을 것이다. 반대로 내가 나를 받아들일 수 없다면 그 사람의 사회적 외모 불안은 극심할 것이다. 외모와 관계없이.

고등학교 3학년, 외모 열등감이 절정이던 시기였다. 하교 후 집에 도착하면 쓰러지듯이 침대 위로 엎어지곤 했다. 몸도 지쳤지만 머릿속이 벌집처럼 복잡했다. 탈모에 대해 학교에서 들었던 말들과 치료에 반응 없는 머리에 대한 걱정은 라디오처럼 되감기되었다.

사실 집에서는 문제될 게 없었다. 가족들과 있을 때는 탈모로 인한 외형 변화는 하나도 불편하지 않았다. 그러나 저녁 식사 시간에도, 수능 문제집을 풀 때도, 머리를 식힐 겸 TV를 볼 때도 외모와 관련된 생각들은 끈질기게 나를 따라다녔다.

학교에서든 집에서든 깨어 있는 시간 내내 외모로 스트레스를 받았으니 마음은 항상 무거웠고, 신경은 선인장처럼 곤두서 있었다.

외모 자존감이 높은 사람은 밖에서 기분 나쁜 얘기를 들어도 집에 돌아와서는 크게 영향을 받지 않는다. 그들의 생각 회로는 부정적인 말을 걸러내는 필터 성능이 뛰어나고, 설령 팩트 폭격을 당해도 빠르게 소화하여 머리 밖으로 내보낸다. 외모 자존감이 낮은 사람은 정반대이다. 그들은 낮에 들었던 외모 품평을 집에 와서도 계속 되새김질한다. 가령 '너는 박피를 해야겠다'는 누군가의 외모 지적을 침대에 누워서도, TV를 보면서도, 샤워를 하면서도 반복적으로 떠올리면서 연쇄적인 타격을 입는다. 머릿속 반추*rumination* 행위로 인해 외모 품평이 소화되기까지의 시간이 남들보다 길다 보니 외모 자존감의 회복 시간이 부족해진다. 소화기능이 떨어지는 사람이 변비와 잦은 복통에 시달리듯 반추 과정이 길면 '너는 박피를 해야겠다'는 외모 품평이 '나는 박피를 해야 한다'는 자기 비하적 사고로 이어지기 쉽다.

외모 열등감의 청정구역

콤플렉스 부위가 어디든 외모 열등감은 대개 바깥에서 의식되기 쉽다. 현저한 외모 기형이든, 쌍꺼풀이 없어 사나워 보이는 인상이든, 여드름이 많은 얼굴이든, 비만이든, 작은 키든 외모 콤플렉스는 사람들을 대면하는 상황에서 좀 더 신경이 쓰인다는 공통점이 있다.

반대로 집이나 혹은 혼자 있는 공간에서는 외모 스트레스가 덜하게 마련이다. 스트레스뿐 아니라 중요성도 낮아진다. 외모가 연예인처럼 뛰어나든 그렇지 않든 집으로 돌아온 이상 누구나 신발을 벗고 화장을 지우고 편안한 옷으로 갈아입는다. 드라마 〈여신강림〉의 주인공처럼 아무리 메이크업에 능한 사람이라도 집에서는 맨 얼굴이 된다. 집 밖의 외모를 집 안의 외모로 바꾸는 과정을 통해 사람의 몸과 마음은 가벼워진다.

대부분의 사람에게 집은 외모의 중요성이 현저히 낮거나 없는 공간이다. 혼자 있는 집에서 저녁을 먹는데 외모는 영향을 주지 않는다. 침대에 누워 휴식을 취하는 데도 영향력이 없다. 도자기처럼 매끈한 피부든, 여드름으로 뒤덮인 얼굴이든, 키가 180이든 165든 혼자 있는 공간에서 저녁을 먹고 음악을 듣고 유튜브를 보면서 즐거움을 느끼는 데는 전혀 영향을 주지 않는다. 어떠한 외모 콤플렉스든 말끔히 소실되는 장소가 있는 셈이다.

외모 자존감이 낮은 사람들은 집에서도 거울을 들여다보고, 콤플렉스 부위에 몰입하고, 밖에서 들은 외모 품평을 되뇌며 스트레스를 받는다. 낮에 무슨 일이 있었든 누구에게 어떤 말을 들었든 집에 와서는 휴식을 취하고 저녁을 만끽해야 하는데 그러지 못하는 것이다. 외모 열등감의 청정구역에서조차 스트레스를 내려놓지 못하니 짓밟힌 외모 자존감은 휴식을 취하지 못한다. 유감스럽게도 뇌는 멀티 태스킹에 익숙하지 않다. 외모를 반추하면서 동시에 휴식도 취하는 두 가지 일을 하면 실제로는 충분한 휴식을 취하지 못하는 것이다. 이처럼 외모가 불필요한 상황에서도 스트레스가 계속된다면 다른 방법을 고려해야 한다. 사고중지법이나 마인드풀니스*mindfulness*가 도움이 될 수 있다.

외모 걱정에
대처하는 방법

1

사고중지법으로 반추에서 벗어나기

● 스스로를 괴롭히는 생각이 들 때면 소리를 내어 "그만"이라고 외친다.
● '그만'이라는 신호를 통해 반추적 사고에서 벗어났을 때, 의식적으로 긍정적인 생각을 떠올려본다.

　　사고중지법*thought stopping*은 반추, 자기 비난을 다루는 쉽고 간단한 심리 기술이다. '그만'이라는 중지 신호 대신에 자신에게 더 적합한 방법이 있다면 응용할 수도 있다.

외모 청정구역 설치하기

외모 걱정이 하루 종일 지속된다면 마인드풀니스를 통해 청정구역을 설치해보자. 마인드풀니스는 모든 주의를 지금 있는 장소에 쏟으려는 의식적 노력으로, 어떤 면에서는 멀티 태스킹과 반대 지점에 놓여 있다. 앞서 살펴본 사고중지법이 생각의 사슬을 끊어버리는 기술이라면 마인드풀니스는 순간순간의 생각이나 느낌을 비판단적으로 알아차리려는 시도이다.

●외모의 쓰임새가 없는 장소, 상황을 알아차리기: 외모가 전혀 중요하지 않다는 말에는 동의하지 않는다. 외모지상주의다 보니 많은 사람이 외모로 스트레스를 받는 게 사실이고, 누군가에게는 그 어떤 말로도 위로가 되지 않을 만큼 힘겨울지도 모른다. 하지만 외모가 불필요한 순간은 분명히 있다. 제아무리 외모의 중요성이 높은 사람이라도 이 점은 마찬가지다.

●외모 스트레스를 의식적으로 내려놓기: '지금 있는 장소에서는 외모는 나에게 아무런 영향이 없구나. 침대에 누워 휴식을 취하고 드라마를 시청하고 유튜브를 볼 때 외모는 쓰임새가 없어', '영화관에서 영화를 보거나 산책을 할 때 외모는 크게 중요하지 않아'라고 청정구역에 있다는 걸 나에게 들려주자. 누군가에게 받은 외모 스트레스를 내려놓도록 하자.

●몸의 감각 만끽하기: 들리는 소리, 몸에 닿는 감촉들, 눈앞에 보이는 광경이나 영상, 호흡 시 횡격막이나 배의 움직임에 집중해보자.

●잡념이 떠오를 때 대처법: 마인드풀니스가 습관화된 심리 전문가들도 잡념을 백 퍼센트 떨쳐내지는 못한다. 마인드풀니스를 하는 도중에도 잡생각은 구름처럼 몰려들기 마련이다. 다른 생각이 들면 '잠시 다른 생각이 떠올랐구나. 다시 지금 있는 장소에서 느껴지는 감각에 집중해야지', '외모에 대한 생각이 들었구나. 하지만 지금은 외모가 불필요한 상황이야. 지금 하는 일에 집중해야지' 하면서 잡념을 알아차리고 다시 마인드풀니스에 집중하면 된다.

심리 전문가들은 마인드풀니스로 스트레스를 내려놓는 게 습관화되어 있다. 그들도 직장에서 일상에서 스트레스를 받지만 마인드풀니스를 활용해 식사할 때는 음식에, 영화 볼 때는 영화에, 복도를 걸을 때는 걷는 느낌에 집중한다. 어차피 과거의 일은 바꿀 수 없고, 미래 또한 걱정한다고 바뀌는 게 아니기 때문이다. 반면 통제 불가능한 스트레스를 잠시나마 내려놓고 현재 상황에 집중하면 불필요한 에너지 소모를 줄일 수 있다.

외모 자존감이 낮았던 어느 고등학생에게도 비록 당시에는 활용하지 못했지만 청정구역이 있었다. 만약 외모가 불필요한 순간들을 누릴 수 있었다면 외모 자존감은 좀 더 빨리 회복되었을 것이다. 사람의 마음은 과거나 미래가 아닌 현재를 살아갈 때 가장 자유롭고 건강한 법이다.

하루일과표
수정하기

성형을 고민하는 사람들은 특정 신체 부위가 연예인 누
구누구를 닮았으면 한다. 외모지상주의에서 연예인은 외모
피라미드 정점에 자리잡은 '외모의 신'으로 인식된다. 그런데
놀랍게도 외모 콤플렉스를 밝힌 연예인들이 있다. 보통 사람
들의 입장에서 믿기 어려운 건 콤플렉스를 호소한 연예인이
한둘이 아니고 개중에는 '비주얼 센터'라고 불리는 연예인들
도 더러 있다는 점이다.

일반인들이 보기에는 말도 안 되는 얘기처럼 들린다. 완
벽한 외모를 가진 사람들의 겸손 혹은 괜한 엄살로만 느껴질

지도 모른다. 하지만 이들의 말이 전혀 일리가 없는 것은 아니다. 외모 심리학적으로 연예인들은 외모의 현저성*salience*이 워낙 높기 때문이다. 다시 말해 자신에게 있어 외모가 차지하는 중요도가 높다 보니 하루일과표에서 외모가 차지하는 비중도 월등히 높다. 연예인들도 알고 있다. 자신의 외모가 일반인들보다 훨씬 더 뛰어나다는 사실을. 하지만 이들은 외모의 사소한 차이에 의해 배역이나 인지도가 크게 달라질 수 있다. 일반인이라면 신경도 안 쓸 만한 미미한 무언가가 자꾸만 거울을 돌아보게 만드는 콤플렉스가 되는 것이다.

일반인 중에서도 외모를 중요하게 여기는 사람들이 있다. 그런데 그들 중 일부는 과도하다 싶을 정도로 외모를 중요시한다. 연예인처럼 투자 대비 효율이 높은 것도 아닌데 지나치게 많은 시간과 비용을 외모에 쏟아붓는다. 이들의 하루일과표를 들여다보면 외모와 관련된 시간이 남들보다 월등히 많다.

출근하기 전 치장 시간부터 예사롭지 않다. 남들보다 더 많은 개수의 화장품과 값비싼 치장 도구를 활용해 외모를 꾸민다. 어떤 옷과 신발을 착용할지 고민하다가 지각한 적도 있고, 화장실 거울 외에도 손거울과 전신거울로 점검을 한 다음에야 현관문을 나선다. 이들은 특별한 자리나 모임이 아닌데도 다른 사람의 시선을 의식해서 예쁘지만 불편한 신발을 신는다. 학교, 직장에서도 거울을 들여다보는 시간과 횟수가 주변 사람보다 두 배 이상이다. 다양한 각도와 거리에서 촬영한 수십 장의 사진, 영상 중 잘 나온 한두 개를 SNS, 유튜브에 올린 뒤 '좋아요' 버튼 개수에 뿌듯함을 느낀다. 간혹 외모가 더 뛰어난 누군가를 만나거나 외모를 비평하는 댓글이라도 달리면 관자놀이에 기묘한 느낌이 들면서 마음이 뒤집힌다.

이들처럼 외모가 뛰어난 사람이 외모로 스트레스를 받는 근본적 원인은 외모가 일과에서 차지하는 비중이 지나치게 높기 때문이다. 자신에게 외모가 갖는 의미가 각별하다 보니 보통 사람들에게 별게 아닌 게 별것처럼 느껴지는 것이다. 이들 중 일부는 하루일과표에서 외모와 관련된 시간이 수면 시간처럼 비대한 규모를 차지할지도 모른다. 소수에서는 외모에 쓰는 시간이 수면 시간을 넘어설 것이다. 그러나 외모 자존감은 외모로 확정되는 게 아니다. 비록 주변 사람들은 외모를 찬양하겠지만 이들의 외모 자존감은 대개 외모에 미치지 못한다. 이러한 사람들이 외모 자존감을 높이기 위해서는 장기적으로 자신에게 있어 외모가 차지하는 중요도를 낮추는 게 도움이 된다. 중요성이 낮아지면 가혹한 잣대를 내려놓고 거울 속 자신을 좀 더 열린 태도로 맞이할 수 있다. 동일한 외모라도 현저성에 따라 수용도는 얼마든지 달라진다.

외모 자존감
씨앗 뿌리기

외모 자존감을 훈련하는 건 식물 키우기와 유사한 점이 많다. 식물을 재배하기 위해 씨앗을 뿌리고 흙을 갈고 수분과 햇빛을 공급하듯 외모 자존감 또한 정성을 기울여 꾸준히 관리해야 한다. 말처럼 간단하지 않을 것이다. 외모에만 투자하던 시간을 재분배하려는 작업이 막막할지도 모른다. 그래도 시작해야 한다. 아령을 들어올려야 근육세포가 자극을 받듯, 외모 자존감의 정원에 뿌린 씨앗 또한 언젠가 자신을 지탱해줄 나무로 자라날 것이다.

내가 뿌릴 씨앗 선택하기

●일: 일하는 시간을 조금 더 늘리거나 그 동안 하고 싶었는데 못했던 일을 시작해보기(요리, 요가, 외국어 공부, 보컬 트레이닝 등)

●놀이: 외모와 무관한 취미 시간 늘리기(피아노 치기, 식물 키우기, 미술관 가기 등)

●관계: 외모에 관심이 없는 사람들과 보내는 시간 늘리기, 외모가 아닌 다른 목적의 교류 늘리기(운동 동호회, 독서 모임, 여행 등)

●건강: 외모가 아닌 건강 증진 활동 늘리기(스쿼시, 수영, 볼링, 등산, 산책 등)

일과표의 변화

하루일과표에서 외모에 사용하는 시간이 얼마나 되는지 점검해보자. 일과표에서 외모가 차지하는 시간은 사람마다 차이가 크다. 동시에 대부분은 적정 시간을 지킨다. 만약 외모의 비중이 너무 높다면 그 시간의 일부를 다른 활동으로 대체해보자. 다음의 예시는 외모와 관련된 시간이 하루에 6시간으로 수면 시간과 동일하다. 하루의 25퍼센트를 외모에다 투자할 정도로 비중이 높은데 외모 자존감의 씨앗(예시에서는 등산)을 뿌리고 나서는 5시간으로 줄어들었다. 일과표를 단번에 조절하기란 쉽지 않을 것이다. 하지만 거울 속의 나와 멀어져야 거울 속 나와 좀 더 친밀해질 수 있다. 하루는 여전히 24시간이겠지만, 외모 자존감의 씨앗이 발아하고 자라나는 과정에서 거울 속 내 모습에 좌절하는 시간의 총량은 줄어들 것이다.

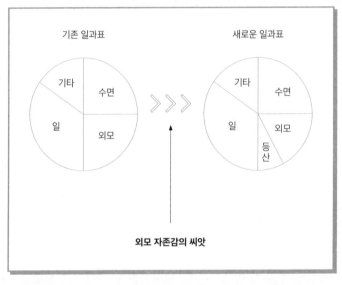

외모 자존감의 씨앗을 뿌리고 난 후 기대하는 하루일과표의 변화

몸의 기능
인식하기

아무리 외모 자존감이 높아도 머리부터 발끝까지 모든 부위가 마음에 들 수는 없다. 외모에 만족감이 높은 사람도 엄밀히 말하자면 특정 부위에는 아쉬움을 느낀다. 키가 크고, 피부도 매끈하고, 이목구비도 뚜렷하고 질병을 비롯한 무수히 많은 변수가 발생하지 않을 확률은 아무리 계산해도 0에 가깝다. 산술적으로 외모 콤플렉스가 없는 사람은 존재하지 않는다는 결론이 나온다. 제아무리 외모가 뛰어나도 이따금씩 거울 속 자신에게 반감을 느끼는 것은 객관적 외모의 불완전성과 관련 있다.

외모 자존감은 객관적인 외모로 결정되지 않는다. 오히려 주관적으로 느끼는 매력도가 더 크게 작용한다. 외모가 뛰어나지 않아 주변에서 긍정적인 피드백을 받지 못하더라도 거울에 비친 내가 싫지 않다면 그 사람의 외모 자존감은 양호할 것이다. 외모 자존감이 높은 사람들 중 일부는 이 부류에 속한다. 그들은 외모가 남들보다 뛰어나지 않아도 수용할 줄 아는 사람들이다. 만약 그들처럼 거울 속 나에게 다정한 눈길을 건넬 수 있다면 거울 속의 나도 틀림없이 나를 다정하게 바라볼 것이다. 외모 자존감을 결정하는 건 거울에 비치는 내가 아닌 거울 밖에 존재하는 나이기 때문이다.

그럼에도 외모 자존감이 낮은 사람들은 해법을 외모에서 찾으려는 경향이 있다. 하지만 외모가 아닌 자존감의 개선이 적합한 방법일 때도 있다. 신체 이미지가 자존감에 주는 영향도 크지만 반대로 자존감이 신체 이미지에 끼치는 영향도 만만찮기 때문이다.[15] 실제로 한 연구에서는 자존감이 높은 사람은 눈의 크기를 상대적으로 크게 지각한다고(매력적으로 느낀다고) 보고했다.[16] 개인적으로도 대학교 1학년 때 이를 체감한 적이 있다.

대학 입학 후 틈틈이 헌혈을 하곤 했다. 처음 헌혈을 한 동기는 막연한 호기심과 먹거리, 그리고 좋은 일을 한다는 뿌듯함 때문이었다. 효과는 괜찮았다. 헌혈을 하고 나면 곧바로 가시적인 보상(헌혈 증서, 과자, 기념품 등)이 주어졌고 남을 도와준다는 정신적인 보상도 쏠쏠했다. 외모 자존감이 극도로 낮았던 대학교 1학년 때는 헌혈 횟수가 1년에 10번이 넘기도 했다.

그 당시에는 인식하지 못했지만 돌이켜보면 헌혈은 땅으로 꺼질 듯한 자존감을 조금이나마 일으키려는 필사적인 시도였다. 헌혈을 통해 남을 도와줌으로써 나의 가치감을 제고하려는 방법이었다. 상호 호혜적이었다. 오롯이 남을 도와줬다기보다는 헌혈 횟수가 쌓이면서 나의 자존감도 조금씩 적립되었다. 비록 객관적 외모에는 변화가 없었지만 자존감의 마일리지가 쌓이면서 거울 속 내 모습이 조금은 자랑스럽게 느껴졌다.

외모가 불만인 사람들은 종종 몸의 다양한 기능을 망각한다. 외모라는 한 가지 측면에 주의가 쏠리다 보니 몸을 점검하고 감시하는 데는 누구보다도 익숙하지만 활용하고 감각을 느끼는 데는 무관심하다. 그들에게 있어 몸은 도구보다 장식품에 가깝다. 가령 신체적인 능력보다 바디 프로필 사진에 관심이 많고, 음식을 먹을 때도 맛이나 영양소를 살피지 않고 칼로리만 계산한다. 운동을 하러 체육관에 가서도 마찬가지다. 운동을 즐기기보다 외모를 업그레이드하는 데만 혈안이 되어 있다. 이들은 몸이 아플 때를 제외하고는 '몸=외모'로 인식할지도 모른다. 몸의 주인이지만 마치 제삼자의 관점에서 몸을 대하는 것이다.

신체 이미지 전문가인 심리학자 니콜 우드 바르칼로우에 의하면 몸의 다양한 기능을 사용하면 신체 이미지 개선에 도움을 준다. 몸의 기능을 활용하고 인식하는 과정에서 외모에 대한 주의에서 벗어날 수 있기 때문이다. 가령 무더운 여름날 반바지를 입고 백사장을 걸을 때 따사로운 햇살과 모래의 감촉을 만끽하는 사람과 자신의 각선미를 의식하는 사람은 몸을 사용하는 방식에 있어 차이가 크다. 외모에만 주의가 쏠린 후자와 달리 전자는 몸의 느낌에 집중한다. 설령 두 사람의 외모가 동일하더라도 이러한 경험이 반복되다 보면 종국에는 신체 이미지에 적지 않은 차이가 발생할 것이다. 후자는 자신의 모습을 감시하는 데 몰두하지만, 전자는 주인으로서 몸의 느낌을 인식한다. 만약 후자처럼 외모에만 신경 썼다면 몸의 다른 측면에도 관심을 가질 필요가 있다. 감시자에서 주인으로의 전환은 외모 자존감에 적지 않은 변화를 일으킬 수 있다.

몸을 활용한
신체 이미지 개선법

1

기여하는 행위에 참여하기

신체 이미지와 자존감은 운명 공동체이다. 마치 몸과 나의 관계처럼 둘은 뗄래야 뗄 수 없는 관계이다. 신체 이미지의 변화는 반드시 자존감에도 영향을 주고, 자존감의 변화는 신체 이미지의 변화를 필연적으로 수반한다. 가령 외모 자존감이 40점인 사람의 자존감이 향상된다면 외모에 변화가 없더라도 그 사람의 외모 자존감은 향상될 것이다. 신체 이미지와 자존감은 톱니바퀴처럼 정교하게 맞물려 있기 때문이다.

대한민국 사람이라면 학창 시절 썩 내키지 않지만 꾸역꾸역 봉사시간을 채웠던 기억이 있을 것이다. 그 때문일까. 많은 사람이 봉사를 내가 남에게 뭔가를 베푸는 일방향적이고 귀찮은 일이라고 생각한다. 하지만 누군가에게 기여하는 행위는 자존감에 긍정적인 영향을 줄 수 있다. 특히 몸을 활용하여 기여하는 행위는 신체 이미지와 자존감 모두에 유익한 영향을 준다.

학창 시절엔 의무적으로 봉사를 했다면 지금은 외모 자존감 회복을 위해 해보는 건 어떨까? 기여 행위가 정 내키지 않는다면 누군가에게 도움을 줄 수 있는 간단한 행동을 해볼 수도 있다. 얼핏보기에 외모 자존감과 전혀 무관해 보이지만, 자존감의 적립은 반드시 외모 자존감 회복으로 이어질 것이다.

2

신체적 활동을 분석해주는 도표

다음의 표는 신체적 활동의 목적에 관한 도표이다. 육체적인 활동의 목적은 사람마다 다르다. 가령 에어로빅이라는 동일한 운동이라도 누군가는 건강을 위해 다른 누군가는 체중 감량을 목적으로 참여한다. 내가 하는 활동들을 기록하고 어떤 목적으로 이루어지는지 분석해보자. 만약 외모에만 주의가 쏠렸다면 다른 방면의 활동으로 대체하는 것도 도움이 된다.

신체적 활동	외모 목적	외모 외의 목적 (건강, 즐거움, 보람)
에어로빅	◯	
자전거		◯

외모 자존감이
높은
가정의 비결

외모로 놀림을 받으면 외모 자존감에 생채기가 난다. 그 중에서도 특히 가족의 외모 놀림이 몸에 대한 불만족감을 악화시킨다. 이는 파트너의 말이 외모 자존감에 큰 영향을 주는 것과 비슷한 현상이다.

일반적으로 부모는 자녀의 객관적인 외모가 잘나지 못해도 마치 고슴도치처럼 자녀의 외모를 좋게 보게 마련이다. 동시에 아직까지 부모 세대는 자녀의 외모 열등감을 대수롭지 않게 여기는 경향이 남아 있다. 아무리 외모의 중요성에 대한 인식과 중년의 성형률이 높아졌다지만, 요즘 청소년들의 외모 고민이 이전과 다르다는 걸 온전히 이해하지는 못한다. 외모 콤플렉스를 대수롭지 않게 넘어가거나 사춘기의 자연스러운 과정으로 치부하기도 한다. 때로는 자녀의 외모에 대해 농담을 하거나 부정적인 말을 내뱉는다. 혹은 알게 모르게 외모가 뛰어난 자녀에게 좀 더 많은 관심과 혜택을 주기도 한다.

형제자매의 존재도 외모 자존감에 큰 영향을 준다. 부모에 비해 상대적으로 수평적 관계다 보니 영향을 주는 경로도 다원화되어 있다. 외모는 유전이지만 그렇다고 백 프로 유전인 것은 아니다. 간혹 특정 자녀에게만 우수한 외모 형질이 몰리기도 하는데, 그럴 경우 다른 형제자매들의 외모 자존감이 위태로울 수 있다. 외모 천재로 태어난 형제와의 비교는 객관적 외모와 관계없이 열등감을 불러일으킨다. 굳이 주변 사람이 아니더라도 그들 간에는 직접적인 교류가 일어나기 쉽다. 실제 가족 내 외모 비평이 형제자매들끼리 가장 흔하다는 연구 결과가 보고된 바 있다.[17] 그중에서도 특히 성별이 같고 연배가 비슷할 때 상호 영향력도 크다. 서로의 외모를 평가해주거나 화장품, 옷차림 등 관리법을 전수하기도, 경우에 따라서는 성형 정보를 공유할 수도 있다.

우려스럽게도 가족이나 친척 사이에서도 외모 평가는

드물지 않게 일어난다. 명절 때 흔히 듣는 친척의 외모 평가는 악의가 없더라도 외모 자존감에는 그다지 유익하지 않다. 혹은 당사자에게 기분 좋은 칭찬이라도 이러한 언급을 듣지 못한 주변의 형제자매에게는 의도치 못한 비교가 될 수 있다. 한 가지 위안이 되는 건 가족의 영향은 긍정적일 수 있다는 점이다. 외모 심리학적으로 가족의 격려와 따뜻한 말 한마디는 외모 자존감에 유익한 영향을 끼친다. 형제자매 역시 얼마든지 라이벌이 아닌 동맹군이 될 수 있다.

가족의 외모 자존감을 보호하는 5가지 노하우

1

외모에 대한 언급 조심하기

외모에 대한 신념, 태도, 느낌, 행동은 가족의 영향을 많이 받는다. 외모 심리학적으로 화목하고 온정적인 가정 환경은 몸에 대한 만족감을 높이고 긍정적인 신체 이미지를 형성하는 밑바탕이 된다. 가족의 말은 다른 사람의 말보다 영향력이 크다. 따라서 가족에게 외모 얘기를 할 때는 전달하려는 내용과 함께 어조와 분위기에 조금만 더 신경 쓰도록 하자.

2

얼굴 평가 차단하기

친척들의 만남은 대개 명절이나 결혼 혹은 장례식 등 일정이 미리 정해지게 마련이다. 친척의 얼평으로 스트레스를 받는 가족 구성원이 있다면 만나기 전에 미리 조심해줄 것을 요청해보자.

3

외모로 비교하지 않기

비교는 필연적으로 한 명에게는 패배감을 안긴다. 홧김에 혹은 별생각 없이 한 외모 비교가 제법 오랜 기간 영향을 줄 수 있으니 외모에 대한 비교는 조심하도록 하자.

4

대화에서 외모가 차지하는 비중 줄이기

스웨덴 청소년들을 대상으로 한 연구에 의하면, 외모 자존감이 높은 가족들은 체형보다는 헤어스타일과 옷에 대한 얘기가 상대적으로 많았다.[18] 즉, 변화가 불가능하거나 쉽지 않은 부위보다 치장처럼 가단성 있는 부위가 외모 대화에서 차지하는 비중이 높았다.

5

외모와 관계없이 존중하기

어린 시절 안정적인 애착은 몸에 대한 만족감을 높이고, 사회화 과정에서 외모지상주의의 압력으로부터 보호막이 된다. 설령 뜻밖의 질병이나 사고로 외모가 변형되더라도 뿌리가 튼튼하면 흔들림의 폭도 적다. 나와 나의 가족들은 '외모와 상관없이 존중하고 사랑한다'라는 두터운 신뢰로 연결되어 있는지 생각해보자.

설령 가족에게 외모에 대한 부정적인 말을 들었더라도, 그래서 상처받았더라도 너무 좌절할 필요는 없다. 이전 세대들은 외모 자존감에 대한 감수성이 낮은 어른들이 대부분이다. 당신의 부모님 또한 나쁜 의도로 한 말은 아니었을 가능성이 높고 다른 가정에서도 얼마든지 발생했을 법한 일이다.

노화와
외모 자존감의
관계 이해하기

나이는 모든 사람들에게 있어 외모 자존감의 중대한 변수다. 시간의 흐름은 외형을 변화시키고, 외모 자존감의 다른 요인들에도 크고 작은 파장을 일으킨다. 여기에는 성별에 따른 차이가 있다. 예컨대 여성들은 임신기에 신체 이미지의 변화를 맞이한다.

임신은 여러모로 외모 자존감에 유익하지 않아 보인다. 우선 체중이 증가한다. 임신 전 산모의 체질량지수에 따라 다르지만 생리적으로 약 13킬로그램이 늘어나 체형이 달라진다. 피부에도 흠집이 생긴다. 셀룰라이트가 생기기 쉽고 절반 이상의 임신부가 기미를 경험한다. 또 호르몬의 급격한 변화, 양육 부담으로 출산 후에는 많은 여성들이 우울감에 시달린다.

시간의 영향력은 가임 연령을 넘어서도 사그라들지 않는다. 최근에는 중장년층에서도 성형률이 증가하는 추세다.[19] 중장년층의 성형 심리는 다양한 것 같다. 여전히 살아온 날보다 살아갈 날이 많은 100세 시대, 젊은 시절 주변 사람들의 만류로 이루지 못한 외모 버킷리스트 해결, 자녀들의 상견례 등. 리즈 시절을 지나면 외모는 미에서 점점 더 멀어져간다. 호르몬과 기초대사율의 변화로 하체 지방이 허리로 재분배되고 체중계의 숫자가 증가한다. 머리카락은 잿빛으로 변색되고 두께가 얇아지고 밀도가 감소하며, 누구도 이의를 제기할 수 없는 미의 기준인 탄력 있고 티 없는 피부엔 검버섯과 주름살이 새겨진다. 노화는 분명 외모에 부정적인 영향을 주는데 나이가 들면 외모 자존감도 낮아지는 걸까?

그렇지는 않다. 개인마다 차이는 있겠지만 역설적이게도 외모 자존감은 나이가 들수록 높아진다는 연구들이 계속해서 보고되고 있다. 뉴질랜드에서 진행된 한 종단 연구에서는 나이가 들면 외모에 대한 만족감이 향상된다고 결론지었다.[20] 노화의 외모 자존감에 대한 긍정적인 영향은 외모 심리학적으로 다음과 같이 설명된다. 외모 비교는 대개 나이와 성별이

유사한 사람들을 대상으로 일어난다. 나의 피부에도 주름살이 생기지만 주변 사람들도 마찬가지니 객관적 외모에는 변화가 있을지언정 상대적으로는 차이가 없다. 또한 나이가 들면서 외모에 대한 피드백이 줄어들고 사라진 지 오래다. 그러면서 자신의 모습을 점점 더 수용하게 된다.

거울에 근접할수록 거울 속의 내 모습은 커진다. 그게 전부이고, 또 영원하리라 생각했을지도 모르겠다. 하지만 거울과의 거리가 영원히 줄어들 수는 없다. 도리어 멀어질 것이다. 거울에 비치는 모습과 관계없이 모두에게서 그렇게 될 것이다. 눈 앞의 거울과 멀어지는 자연스러운 과정을 통해 거울 밖 나와의 거리는 줄어든다. 감지하기 힘들 정도로 조금씩이지만 외모 열등감도 줄어들 것이다.

피부처럼 사람의 마음에는 상처를 치유하는 능력이 내재되어 있다. 외모로 인한 아픔도 시간이 흐르면 서서히 아물 것이다. 아무리 극심한 외모 열등감이라도 바다처럼 깊고 넓은 시간 속에서 옅어질 것이다. 시간만큼은 분명 외모 자존감을 도와줄 것이다. 만병통치약은 아니겠지만 외모 자존감의 상처를 보듬어줄 것이다.

Epilogue

　　대다수의 사람은 자신도 모르는 새 외모 경쟁에 참여해 있다. 수단과 방법을 가리지 않고 그저 외모 피라미드의 가장 높은 곳으로 향하고 있다. 치열한 경쟁의 원동력은 승리하면 성공과 행복이 뒤따를 거라는 맹목적인 믿음에서다. 정말로 그렇게 되었다면 다행이지만 유감스럽게도 그렇지 못하다면 혹은 경쟁에서 이기지 못했다면 외모 자존감 회복 여행을 떠나 보기를 권유하고 싶다.

　　목적지는 동일하지만 외모 자존감이 회복되는 궤적은 사람마다 다르다. 다만 어떠한 경로를 따르더라도 여정은 쉽지 않을 것이다. 적지 않은 인내심을 요구할 것이다. 방향을 잃고 궤도에서 이탈하거나 가파른 비탈길을 맞이할 때도 있을 것이다. 주변 사람들과 방향이 엇갈리기도 할 것이다. '내가 가는 길이 맞나, 뒤쳐지는 건 아닌가' 불안함에 시달리고 그만두고 싶을지도 모른다.

그러나 외모 자존감의 나침반은 언제나 목적지를 가리키고 있다. 출발점이나 현 위치와 무관하게 올바른 방향으로 나아간다면 여행자는 목적지에 근접해 간다. 헤매도 괜찮다. 아무리 미로처럼 복잡한 숲속이라도 나침반을 들고 있는 여행자는 이내 올바른 방향을 찾을 것이다. 끝이 안 보이는 여정에 주저앉을 때도 있겠지만, 그래도 괜찮다. 포기하지 않고 나침반의 바늘을 뒤따른다면 목적지와의 거리는 계속해서 줄어들 것이다.

외모 자존감 회복의 길은 사람마다 여정의 편차가 크다. 또 장기간의 여행에는 항상 변수가 뒤따르다 보니 모두가 목적지에 도착하리라고는 확신하지 못할 것 같다. 그럼에도 나는 여행을 권유할 것이다. 나침반이 가리키는 방향으로의 여정은 그 자체로서 의미가 있다고 믿기 때문이다.

Chapter 1.
외모지상주의와 외모 자존감

1   Wood-Barcalow N, Tylka T, Judge C, *Positive body image workbook*, Cambridge University Press, 2021.

2   토마스 캐시, 《바디 이미지 수업》, 박미라 김미숙 김보라 김세현 조연주 옮김, 사우, 2019.

3   Jarry JL, Berardi K, "Characteristics and effectiveness of stand-alone body image treatments: a review of the empirical literature", *Body Image*, 2004;1(4):319-333.

4   외모?, 아름다움은 누구에게나 있다··· 김병희 칼럼, 초이스경제, 2017. 7. 24.

5   Moody TD, Sasaki MA, Bohon C, Strober MA, Bookheimer SY, Sheen CL, Feusner JD, "Functional connectivity for face processing in individuals with body dysmorphic disorder and anorexia nervosa", *Psychological Medicine*, 2015;45(16):3491-3503.

Chapter 2.
뇌인지과학이 밝혀낸 외모 자존감의 비밀

1   Chuan-Peng H, Huang Y, Eickhoff SB, Peng K, Sui J, "Seeking the common beauty in the brain: a meta-analysis of fMRI studies of beautiful human faces and visual art", *Cognitive, Affective, & Behavioral Neuroscience*, 2020;20:1200-1215.

2   Aharon I, Etcoff N, Ariely D, Chabris CF, O'Connor E, Breiter HC, "Beautiful faces

have variable reward value: fMRI and behavioral evidence", *Neuron*, 2001;32(3):537-551.

3 Slater A, Bremner G, Johnson SP, Sherwood P, Hayes R, Brown E, "Newborn infants' preference for attractive faces: the role of internal and external facial features", *Infancy*, 2000;1(2):265-274.

4 Krendl AC, Macrae CN, Kelley WM, Fugelsang JA, Heatherton TF, "The good, the bad, and the ugly: an fMRI investigation of the functional anatomic correlates of stigma", *Society for Neuroscience*, 2006;1(1):5-15.

5 Astutik E, Gayatri D, "Perceived stigma in people affected by leprosy in leprosy village of Sitanala, Banten, Indonesia", *National Public Health Journal*, 2018;12(4):178-186.

6 Langlois JH, Kalakanis L, Rubenstein AJ, Larson A, Hallam M, Smoot M, "Maxims or myths of beauty? a meta-analytic and theoretical review", *Psychological Bulletin*, 2000;126(3):390-423.

7 러네이 엥겔른, 《거울 앞에서 너무 많은 시간을 보냈다》, 김문주 옮김, 웅진지식하우스, 2017.

8 Signorelli F, Chirchiglia D, *Functional brain mapping and the endeavor to understand the working brain*, Lightning Source UK LTD, 2013.

9 Abdul LEN, *Handbook of psychodermatology*, Jaypee, 2016.

10 Wood-Barcalow N, Tylka T, Judge C, *Positive body image workbook*, Cambridge University Press, 2021.

11 The familiarity principle of attraction, Psychology Today, 2013. 2. 10.

Chapter 3.
외모 자존감을 위협하는 변수들

1 Abdul LEN, *Handbook of psychodermatology*, Jaypee, 2016.

2 He J, Sun S, Lin Z, Fan X, "Body dissatisfaction and sexual orientations: A quantitative synthesis of 30 years research findings", *Clinical Psychology Review*, 2020;81:101896.

3 Rumsey N, Harcourt D, *The Oxford handbook of the psychology of appearance*, Oxford University Press, 2012.

4 Grunewald W et al, "Appearance-ideal internalization, body dissatisfaction, and

suicidality among sexual minority men", *Body Image*, 2021;38:289-294.

5   Kain N, Amar O, "Cosmetic surgery in men", *Trends in Urology & Men's Health*, 2020;11(4):22-26.

6   Mills JS, Musto S, Williams L, Tiggemann M, "'Selfie' harm: effects on mood and body image in young women", *Body Image*, 2018;27:86-92.

7   Hogue JV, Mills JS, "The effects of active social media engagement with peers on body image in young women". *Body Image*, 2019;28:1-5.

8   성형메카 '강남' …성형외과만 470개, 5대 광역시보다 많아, 연합뉴스, 2017. 12. 16.

9   Fogli A, "France sets standards for practice of aesthetic surgery", *Clinical Risk*, 2009;15(6):224-226.

10 New guidelines to impact all doctors undertaking cosmetic medical and surgical procedures, Avant Mutual, 2016. 5. 20.

11 "가슴 수술하고 다시 태어나"…이제는 당당해진 성형 고백, 한경 생활·문화, 2021. 10. 1.

12 성형 부작용이 늘어나는 원인과 대책, 데일리메디, 2009. 9. 3.

13 "성형수술은 성형외과 전문의에게 받으세요!", 데일리메디, 2013. 7. 3.

14 Jones MD, Crowther JH, Ciesla JA, "A naturalistic study of fat talk and its behavioral and affective consequences", *Body Image*, 2014;11:337-345.

15 Mills J, Mata A, Ling M, Trawley S, "The impact of different responses to negative body talk on body satisfaction, shame, and future negative body talk likelihood: a UK sample", *Body Image*, 2021;38:325-333.

16 Andrews RM, Browne AL, Drummond PD, Wood FM, "The impact of personality and coping on the development of depressive symptoms in adult burns survivors", *Burns*, 2010;36(1):29-37.

17 Baker CA, "Factors associated with rehabilitation in head and neck cancer", *Cancer Nursing*, 1992;15(6):395-400.

18 Brown BC, Moss TP, McGrouther DA, Bayat A, "Skin scar preconceptions must be challenged: importance of self-perception in skin scarring", *Journal of Plastic, Reconstructive & Aesthetic Surgery*, 2010;63(6):1022-1029.

19 Finzi A et al, "Psychological distress and coping strategies in patients with psoriasis: the psychae study", *Journal of the European Academy of Dermatology and Venereology*, 2007;21:1161-1169.

20 Sarwer D, Whitaker L, Bartlett S, "Psychological functioning of adolescents born with craniofacial anomalies", *Craniofacial Surgery*, 2001;9:224-226.

21 Thompson AR, Kent G, Smith JA, "Living with vitiligo: dealing with difference", *British Journal of Health Psychology*, 2002;7:213-225.

22 Egan K, Harcourt D, Rumsey N, "The appearance research collaboration, a

qualitative study of the experiences of people who identify themselves as having adjusted positively to a visible difference", *The Journal of Health Psychology*, 2011;16:739-749.

23 Wilhelm S, Phillips KA, Steketee G, *Cognitive-behavioral therapy for body dysmorphic disorder*, Guilford, 2012.

24 Clerkin EM, Teachman BA, "Perceptual and cognitive biases in individuals with body dysmorphic disorder symptoms", *Cognition & Emotion*, 2008;22(7):1327-1339.

25 Croley JA, Reese V, Wagner RF, "Dermatological features of classic movie villains: the face of evil", *JAMA Dermatology*, 2017;153(5):559-564.

26 성형외과 의사회, "성형 환상 조장, '렛미인' 폐지하라", 미디어스, 2015 .7. 17.

Chapter 4.
외모 콤플렉스를 느끼는 사람들

1 '두 가지 피부색' 모델 할로우 "나 자신을 사랑하면서 기회 생겼다", 한겨레, 2018. 8. 22.

2 Lai YC, Yew YW, Kennedy C, Schwartz RA, "Vitiligo and depression: a systematic review and meta-analysis of observational studies", *British Journal of Dermatology*, 2017;177(3):708-718.

3 Fornaini E, Matera C, Nerini A, Policardo GR, Gesto CD, "The power of words: appearance comments from one's partner can affect men's body image and women's couple relationship", *International Journal of Environmental Research and Public Health*, 2021;18(17):9319.

4 Shakoor A, Shaheen JA, Khan JI, "Association of anxiety and depression with acne: evaluation of pathoplastic effect of adolescence on this comorbidity", *Journal of Pakistan Association of Dermatologists*, 2012;22(4):336-341.

5 Zaenglein et al, "Guidelines of care for the management of acne vulgaris", *Journal of the American Academy of Dermatology*, 2016;74(5):945-973.

6 Chiu ABS, Chon SY, Kimball AB, "The response of skin disease to stress. changes in the severity of acne vulgaris as affected by exam stress", *Archives of Dermatological Research*, 2003;139:897-900.

7 대한모발학회, 《毛난 사람이 되자》, 무한, 2008.

8 말 못 하고 끙끙 앓는 탈모인 1000만… "죽지 않지만 죽을 만큼 괴롭습니다", 이코노미조선,

2020. 6. 14.

9 Abdul LEN, *Handbook of psychodermatology*, Jaypee, 2016.

10 Gaber MA, Doma HE, "The psychosocial effect of androgenetic alopecia in males and females", *Menoufia medical journal*, 2021;34:87-92.

11 윤동욱, 《나는 왜 남들 앞에만 서면 떨릴까?》, 올림, 2019.

Chapter 5.

외모 자존감 회복을 위해 극복해야 하는 6가지 습관

1 Festinger L, "A theory of social comparison processes", *Human Relations*, 1957;7:117-140.

2 Altabe M, Wood K, Herbozo S, Thompson JK, "The physical appearance ambiguous feedback scale(PAAFS): a measure for indexing body image related cognitive bias", *Body Image*, 2004;1:299-304.

3 Cash TF, "Developmental teasing about physical appearance: retrospective descriptions and relationships with body image", *Social Behavior and Personality: An International Journal*, 1995;23:123-130.

4 Wilhelm S, Phillips KA, Steketee G, Cognitive-behavioral therapy for body dysmorphic disorder, Guilford, 2012.

5 Sandoz EK, Wilson KG, DuFrene T, *Mindfulness and acceptance workbook for body image: letting go of the struggle with what you see in the mirror using acceptance and commitment therapy*, New Harbinger Publications, Inc, 2013.

6 Harker L, Keltner D, "Expressions of positive emotion in women's college yearbook pictures and their relationship to personality and life outcomes across adulthood", *Journal of Personality and Social Psychology*, 2001;80:112-124.

7 Cha MY, Hong HS, "Effect and path analysis of laughter therapy on serotonin, depression and quality of life in middle-aged women", *Journal of Korean Academy of Nursing*, 2015;45(2):221-230.

8 Coles NA, Larsen JT, Lench HC, "A meta-analysis of the facial feedback literature: effects of facial feedback on emotional experience are small and variable", *Psychological Bulletin*, 2019;145(6):610-651.

9 이임선, 《몸과 마음을 치유하는 웃음치료》, 하남출판사, 2010.

10 Tiggemann M, Williamson S, "The effect of exercise on body satisfaction and self-esteem as a function of gender and age", *Sex Roles*, 2000;43:119-127.

11 키빼몸, 씹뺄, 먹토… 커지는 '프로아나' 심각성, 미디어오늘, 2021. 12. 11.

12 Rumsey N, Harcourt D, *The Oxford handbook of the psychology of appearance*, Oxford University Press, 2012.

13 Mitchell AJ, Chan M, Bhatti H, Halton M, Grassi L, Johansen C, Meader N, "Prevalence of depression, anxiety, and adjustment disorder in oncological, haematological, and palliative-care settings: a meta-analysis of 94 interview-based studies", *The Lancet Oncology*, 2011;12:160-174.

14 젊어진 유방암 환자…'삶의 질' 고려해 치료해야, 헬스조선, 2020.1. 3.

15 김종흔, 《정신종양학 입문》, 국립암센터, 2019.

16 Clarke A, Castle B, *Handling other people's reactions: communicating with confidence when you have a disfigurement*, Changing Faces, 2007.

Chapter 6.
외모 자존감을 지키는 11가지 방법

1 [M+기획…루키즘①] 연예계, 외모가 절대적 기준이 되다?, 매일경제, 2016. 3. 17.

2 Rumsey N, Harcourt D, *The Oxford handbook of the psychology of appearance*, Oxford University Press, 2012.

3 Clarke A, Thompson A, Jenkinson E, Rumsey N, Newell R, *CBT for appearance anxiety: psychosocial interventions for anxiety due to visible difference*, Wiley Blackwell, 2014.

4 Lindberg L, Hagman E, Danielsson P, Marcus C, Persson M, "Anxiety and depression in children and adolescents with obesity: a nationwide study in Sweden", *BMC Medicine*, 2020;18(1):30.

5 Danielsen YS, Stormark KM, Nordhus IH, Mæhle M, Sand L, Ekornås B, Pallesen S, "Factors associated with low self-esteem in children with overweight", *Obesity Facts*, 2012;5:722-733.

6 Rebecca MP, Chelsea AH, "Obesity stigma: important considerations for public health", *American Journal of Public Health*, 2010;100(6):1019-1028.

7 Rubino F et al, "Joint international consensus statement for ending stigma for

obesity", *Nature Medicine*, 2020;26(4):485-497.

8   대한비만학회 진료지침위원회, 대한비만학회 비만 진료지침, 2020.

9   이주아, 〈아동기의 외모만족도에 대한 사회문화적 영향〉, 서울여자대학교 석사학위논문, 2005.

10 Wood-Barcalow NL, Tylka TL, Angustus-Horvath CL, ""But I like my body": positive body image characteristics and a holistic model for young-adult women", *Body Imag*, 2010;7(2):106-116.

11 Evens O, Stutterheim SE, Alleva JM, "Protective filtering: a qualitative study on the cognitive strategies young women use to promote positive body image in the face of beauty-ideal imagery on Instagram", *Body Image*, 2021;39:40-52.

12 Lõhmus M, Sundstr?m LF, Bj?rklund M, "Dress for success: human facial expressions are important signals of emotions", *Annals Zoologici Fennici*, 2009;46:75-80.

13 이민지, 〈한국판 사회적 외모불안 척도 번안 및 타당화〉, 덕성여자대학교 석사학위논문, 2020.

14 "은둔환자들과 동행한 4년, 참 행복했습니다", 헬스경향, 2020. 12. 16.

15 Mendelson BK, White DR, Mendelson MJ, "Self-esteem and body esteem: effects of gender, age, and weight", *Journal of Applied Developmental Psychology*, 1996;17:321-346.

16 Felisberti FM, Musholt K, "Self-face perception: individual differences and discrepancies associated with mental self-face representation, attractiveness and self-esteem", *Psychology & Neuroscience*, 2014;7(2):65-72.

17 Nerini A, Matera C, Stefanile C, "Silbings' appearance-related commentary, body dissatisfaction, and risky eating behaviors in young women", *European Review of Applied Psychology*, 2016;66(6):269-276.

18 Frisen A, Holmqvist K, "What characterizes early adolescents with a positive body image? a qualitative investigation of Swedish girls and boys", *Body Image*, 2010;7:205-212.

19 성형외과 찾는 중장년층, 눈에 띄게 증가, 메디팜헬스, 2017. 8. 18.

20 Hockey A, Milojev P, Sibley CG, Donovan CL, "Body image cross the adult lifespan: a longitudinal investigation of developmental and cohort effects", *Body Image*, 2021;39:114-124.

외모
자존감
수업

ⓒ 부운주

초판 1쇄 발행 2022년 5월 27일
초판 3쇄 발행 2023년 10월 30일

지은이 부운주
펴낸이 오혜영
디자인 여만엽
마케팅 한정원

펴낸곳 그래도봄
출판등록 제2021-000137호
주소 04051 서울 마포구 신촌로2길 19, 316호
전화 070-8691-0072
팩스 02-6442-0875
이메일 book@gbom.kr
홈페이지 www.gbom.kr
블로그 blog.naver.com/graedobom
인스타그램 @graedobom.pub

ISBN 979-11-92410-01-2 03180